はじめに

　経済成長フォーラム（事務局：公益財団法人日本生産性本部）は、新たな成長分野を創り出すことを目的に、2012年5月に発足しました。企業の先駆的な取り組みを発掘し、不要な規制など成長の阻害要因を明らかにすることで、川下からの日本経済の改革を目指しています。これまで、電力自由化、農業改革、地域経済活性化とまちづくりなどについて提言活動を展開してまいりました。

　今回は、日本の経済成長や企業の競争力向上にとって、TPPがきわめて重要な役割を果たすという認識から、「TPPと経済成長検討会」を設置しました。

　TPPについては、国内の農業などにどういう影響をもたらすかといったことに関心が集中しがちですが、いま求められていることは、TPPを最大限に活かすための「内なる改革」を行い、国内に新たな成長機会を創出していくことです。TPPを契機に、開かれた経済環境、ビジネスをしやすい環境をつくる努力が行われれば、日本経済には新たな可能性が拓けます。

　このような視点に立って、有識者からのヒアリングや企業へのアンケート調査を実施し、本年3月1日に提言「TPPが拓く日本経済の可能性」を発表しました。そして、5月20日に、「TPPは日本をどう変えるか」をテーマにシンポジウムを開催しました。パネルディスカッションでは、いま、国や企業に何が求められるかについて、通商政策の視点のみならず、サービス産業、農業、中小企業などの視点から熱く語られました。本ブックレットは、そのシンポジウムでの議論と併せて、検討会で行なったヒアリングの内容を紹介するものです。

　TPP協定がスムーズに発効に至るかどうかは予断を許さない状況にあります。日本では、秋の臨時国会で協定案と関連法案が審議されることとなっています。早期の成立が待たれますが、併せて、発効を待たずにわが国の成長機会を拡大するための「内なる改革」に着手することが必要です。このブックレットが、TPP発効に向けてのこれからの議論や、政府・企業の取り組みに少しでも貢献できればこれに勝る喜びはありません。

2016年9月30日
経済成長フォーラム 座長　大田　弘子

目次

はじめに ………………………………………………………… 1

第1部　経済成長フォーラム・提言
TPPが拓く日本経済の可能性 ………… 5

提言要約 ………………………………………………………… 6

Ⅰ

TPPを新たな成長機会の創出に ……………………… 8

　1　国際的ルールづくりにおいて日本が牽引役を果たす ………… 9
　2　サービス産業のグローバル展開を加速する ……………… 10
　3　インフラ整備への参入機会を拡げる ……………………… 13
　4　農業を成長産業にする …………………………………… 14
　5　日本がメガFTAのハブになる …………………………… 17

Ⅱ

TPPを最大限に活かすために「内なる改革」を！ ……… 21

第2部　シンポジウム「TPPは日本をどう変えるか」
パネル討論 ……………………………………………… 23

- 1　TPP提言のポイント 〜私たちはこう考える〜 ……………… 25
- 2　TPPは日本にとってどういう意味を持つのか ……………… 29
- 3　サービス産業はTPPをどう活かすのか ……………………… 41
- 4　農業はTPPをどう活かすのか ………………………………… 55
- 5　参加者の質問に答えて ………………………………………… 69
- 6　パネル討論を聴いて …………………………………………… 79

専門家からの提言 ………………………………………… 83

- 提言01　マルチ合意から複数国間合意に向かう時代を象徴するTPP … 84
- 提言02　メガFTA間の調整と世界ルールづくりに日本が貢献を ……… 87
- 提言03　画期的な内容を持つ国有企業規制 …………………………… 90
- 提言04　TPPでサービス産業にもたらされる新たなビジネス・チャンス … 92
- 提言05　コメの輸出を増やすためにもTPPは必要 …………………… 94

第3部　企業経営者・アンケート結果 TPPの影響と対応
―現下の経済と企業経営― ……………………………… 97

第1部

経済成長フォーラム・提言

TPPが拓く日本経済の可能性

提言要約

1. TPP（環太平洋パートナーシップ）協定は、日本経済にとってきわめて重要な意義を持つものである。TPPを最大限活かすことで、日本経済に新たな地平を切り拓くことができる。TPPによってもたらされる成長機会に目を向け、発効を待たずにいち早く国内改革に着手すべきである。

2. TPPによって国内にもたらされる新たな可能性として、次の五点が挙げられる。

①国際的ルールづくりにおいて日本が牽引役を果たす

——アジアを主たる舞台とする自由貿易圏で、日本がルールづくりを牽引することに期待したい。そのためにも、他国と組んでオープンなイノベーション体系をつくり、産官学のイノベーションも、国境を超えて連携するクロスボーダー型イノベーション体制へと転換すべきである。

——国有企業についてのルールの明確化は、TPPの大きな成果である。日本は米国と協調して残された課題に取り組み、将来の再交渉の機会に向けて、国有企業ルールをより明確にする努力を継続すべきである。

②サービス産業のグローバル展開を加速する

——サービス分野の包括的な自由化がなされたことは、TPPの重要な意義のひとつである。これは、グローバル化によってわが国のサービス産業の生産性を高めるチャンスにほかならない。

——このチャンスを活かすためにも、国内におけるサービス産業の生産性向上に取り組み、『日本再興戦略』のKPI（サービス産業の労働生産性の伸び率が2020年までに2.0％となることを目指す）を達成すべきである。

③インフラ整備への参入機会を拡げる

——WTOの「政府調達協定」に締結しているTPP参加国は、日本・米国・カナダ・シンガポール・ニュージーランドの5か国に過ぎない（日本とのEPAで別途4か国の政府調達が開放されている）。TPPの政府調達開放によって、新たに、マレーシア、ベトナム、ブルネイのインフラ整備に参入する機会が広がる。

——アジアのインフラ整備では、豊富な民間資金を活用することが課題である。既にADBが民間金融機関と組んでPPP事業への共同助言や協調融資を行なっているように、

資金面でもわが国、官民の積極的な貢献が求められる。

④農業を成長産業にする
――残念ながらTPP自体は国内の農業改革を促すものとはならないが、TPPによる農産物関税の撤廃や検疫の透明性向上などは、農産物輸出に活路を見つける大きな手掛かりとなる。
――これを機に、コメの生産性向上、農業資材価格の低下、農業の担い手拡大などにより農業を成長産業にすべきである。そのため、減反廃止や農協改革、農業への企業参入に思い切って取り組み、農業発展の足かせを取り除くべきである。

⑤日本がメガFTAのハブになる
――日本は、TPPのほかに日EU・EPA、日中韓FTA、RCEPに参画しており、メガFTAのハブとして交渉をリードし得る立場にある。政府介入の多い新興国との競争条件の公平性確保は日本企業にとって重要であり、グローバル・バリュー・チェーン展開に有利な条件をつくり出すチャンスに直面していると、とらえるべきである。
――TPPは大企業のみならず、中小企業にもメリットが大きく、特にグローバルニッチ企業の海外進出を容易にするものである。このようなメリットをより広範囲に広げるには、RCEPをレベルの高い経済連携協定にすることがきわめて重要である。TPPをテコに日中韓FTAを前進させ、RCEP交渉を牽引すべきである。
――TPP参加国の増加は、日中韓FTAを成立させ、RCEPの自由化レベルを引き上げる効果を持つ可能性がある。韓国やASEAN諸国に働きかけて、TPP加盟国を増やすことも日本の重要な役割である。

3．TPPによって新たな成長機会を手にするには、これを機に国内改革を進めることが不可欠である。TPP参加国で最もビジネス活動をしやすい国になるよう、規制改革などのビジネス環境改善や貿易障壁の撤廃を行うことこそ、もっとも重要な国内対策である。

4．わが国の行政には、依然として日本中心の発想が残存しており、それが対日直接投資の阻害要因にもなっている。TPPを契機に、「行政が先頭に立ってグローバル対応を進める」意思を持ち、グローバルな企業・人材にフェアなビジネス環境を提供すべきである。

I

TPPを新たな成長機会の創出に

　2016年2月4日、TPP[1]協定の署名がなされた。TPPはこれまでの通商協定に比べて格段に大きな意義を持つものである。

　第一に、関税撤廃のみならず、金融・通信・流通などサービス分野の包括的な自由化を含んでいる。第二に、知的財産権保護、投資、政府調達、環境・労働保護など国際ルールが十分に整備されていない分野でのルールづくりが含まれている。国有企業について、初めての包括的かつ詳細な規律を設けた点も、きわめて重要である。

　12か国がこのような内容を持つ協定で合意に至ったこと自体に意義があるが、TPPは開かれた通商協定であるため、今後も参加国が増えることが予想され、広域的なFTA[2]（自由貿易協定）を大きく前進させるものである。

　TPPは、他の参加国以上に日本経済にとっては重要な意義を持つ。これまで遅れていたFTA政策を前に進めるだけではない。本提言で述べるように、TPPを最大限活かすことができれば、日本経済に新たな地平を切り拓くことになろう。

　しかし、そのためには、貿易障壁の撤廃や国内のビジネス環境改善、行政におけるグローバル対応の改善など、国内改革が必須である。現在は、TPPが国内の産業に与えるマイナス面と、それに対する支援策に焦点が当てられているが、TPPによってもたらされる成長機会にこそ目を向けるべきである。

　もちろん、TPPがスムーズに発効に至るかどうかは予断を許さない。協定発効のためには、①すべての参加国が署名後、2年以内に国内手続きを終えるか、②2年以上たった段階でTPP全体のGDPの85％を占める、少なくとも6か国が批准手続きを終えている必要がある。米国がTPP全体のGDPの60％強を占めているため、少なくとも米国の国内手続きが終わらない限り、TPPは発効しないことになる。

　日本は、米国と協調してTPPの早期発効を促すこととあわせて、発効を待た

1：Trans-Pacific Partnership
2：Free Trade Agreement

ずにわが国の成長機会を拡大するための「内なる改革」に着手すべきである。本提言では、TPPが日本経済にもたらす新たな可能性を、次の五つの角度から指摘することとする。

1. 国際的ルールづくりにおいて日本が牽引役を果たす
2. サービス産業のグローバル展開を加速する
3. インフラ整備への参入機会を拡げる
4. 農業を成長産業にする
5. 日本がメガFTAのハブになる

1 国際的ルールづくりにおいて日本が牽引役を果たす

電子商取引など得意とする分野でのルールづくりをリード

　TPP交渉においては、知的財産保護や投資などさまざまな分野での国際ルールづくりに重きが置かれてきた。日本企業はこれらの分野で既に高いレベルを実現しており、国際ルールづくりがなされることは、日本企業には有利にはたらく。

　さらに、今後詳細なルールがつくられる過程は、日本が積極的な役割を担うチャンスでもある。これまで、デファクトスタンダード（事実上の標準）においても、デジュールスタンダード（国際標準化機関などにより定められた標準）においても、日本は優位に立ち得なかったが、アジアを主たる舞台とする自由貿易圏において、日本がルールづくりを牽引すべきである。特に、電子商取引やフィンテックなどの分野で米国と組んで、積極的なルールづくりを行なっていくことが求められる。

　これを機に、国内閉鎖型のイノベーションでなく、他国と組んでのオープンなイノベーション体系をつくり、対日直接投資を増やしていくことが必要であ

る。産官学のイノベーション体制も、これまでは国内で閉じたものであったが、TPPを契機に、国境を超えて他国の産・官・学とも共同するクロスボーダー型イノベーションへと転換すべきである。

米国と協調して国有企業に関するルールの明確化を

　TPPにおいては、国有企業に対する本格的かつ詳細な規制が導入された。これまでのWTO[3]協定や投資協定、また、この問題にいち早く取り組んだ米国のFTAでも不十分にしか設定されていなかったものである。これはきわめて意義深い成果だが、残された課題はまだ多い。

　今後解決すべき課題は、①協定本体と各国の個別留保部分に設定された膨大な例外措置、②政府の株式保有や影響力の行使に対する制限の欠如、③規制や倒産回避など補助金以外での優遇措置への制限の欠如などである。将来、TPPが再交渉される機会をとらえ、日本は米国と協調して、国有企業についてのルールをより明確にする努力を継続すべきである。これは、将来、中国がTPPに参加する際に重要なルールとなる。

2 サービス産業のグローバル展開を加速する

TPPで大きく進むサービス産業の自由化

　TPPにおけるサービス分野の自由化では、内国民待遇や市場アクセスなどの義務について、適用分野を列挙する「ポジティブ・リスト方式」ではなく、適用しない分野を附属書に列挙する「ネガティブ・リスト方式」が採用された。これは、GATS[4]のポジティブ・リスト方式に比べ、例外の範囲をより限定するとともに、透明性・法的安定性・予見可能性などの点ではるかに優れている。

　また、協定発効後に規制の緩和や撤廃を行なった場合は、変更時点でとられ

3：World Trade Organization：世界貿易機関。
4：General Agreement on Trade in Services：WTO協定の一部。サービス貿易の障害となる政府規制を対象とした初めての多国間国際協定。出典：外務省資料。

ている措置よりも後退させない（自由化の程度を悪化させない）ことを約束するラチェット条項も設けられた。これも規制の予見可能性を高めるものであり、参加国内で長期にビジネスを行う企業にとって大きなプラスとなる。

　TPPにおいては、投資先への技術移転や、原材料の現地調達の要求・強制などを原則禁止することが決められている。これは製造業の海外展開にとってプラスとなるが、サービス産業にとっても海外進出を行いやすくするものである。また、米国、カナダ、オーストラリアなどのように連邦制国家で州政府が多くの規制を行なっている国において、州政府の規制がTPPに適合しない場合は、国家間で対応策を協議する枠組みも導入された。

サービス産業のグローバル化のチャンス

　日本のサービス産業の生産性は低くとどまっているが、その原因のひとつは、グローバル化が遅れていることにある。以下の(1)〜(4)は、サービス産業に関するTPP協定の代表的なものだが、これらはサービス産業の海外展開を進め、生産性を高めるカギになる。海外進出によって各国の民族性や国民の嗜好を学んだり、ブランド力を強化させたりすることは、インバウンドでのサービス産業の一段の活性化にもつながる。

(1) 小売業に対する出資・出店規制の緩和

　　　ベトナムでは、小売業の2店舗目以降の出店について課されていた審査制度[5]がTPP発効後5年間の猶予を経て廃止され、マレーシアでは、コンビニへの外資規制が上限30%（現在は禁止）に緩和され、小売業の諸手続きも緩和される。これによって、スーパーやコンビニなど小売業の海外出店が容易になる。

(2) 電子商取引のルール化

　　　電子商取引の信頼性を確保するために、①利用者の個人情報保護、②詐欺

5：Economic Needs Test：出店地域の店舗数や当該地域の規模などに基づく出店審査制度。

的ビジネスからの消費者の保護などが規定されている。併せて、電子商取引の利点が阻害されないように、①国境を越える情報移転の自由の確保、②電子的な送信への関税不賦課、③サーバーなどのコンピューター関連設備を自国内に設置するよう要求することの禁止なども規定されている。これによって、中小企業でも、電子商取引のビジネスを始めやすくなる。

(3) 金融サービス業に対する外資規制の緩和

　ベトナムでは、地場銀行への出資比率の上限が15％から20％に引き上げられ、外資の合計出資比率の上限30％にも例外が認められることになる。

　マレーシアでは、外国銀行現地法人の上限支店数が8支店から16支店に引き上げられ、新規の店舗外ATMの設置制限も原則撤廃（現在は設置不可）される。

(4) 公衆電気通信サービスの再販売についての規律

　「再販売」とは、電気通信事業者から回線を借り、付加価値を加えたうえで顧客に公衆電気通信サービスを販売する事業形態をいうが、TPP協定では、この再販売を禁止してはならないこと、また再販売について不合理、あるいは差別的な条件や制限を課さないことが規定されている。これによって、たとえば仮想移動体通信事業者（MVNO[6]）などとして、日本の事業者の海外市場への進出が容易になる。

TPPを契機にサービス産業の生産性向上を

　このように、TPPはサービス産業に新たな可能性をもたらすものだが、このチャンスを活かすためには、国内におけるサービス産業の生産性向上への取り組みが必須である。

　政府の成長戦略である『「日本再興戦略」改訂2015』（2015年6月30日閣議決定）では、「サービス産業の労働生産性の伸び率が、2020年までに2.0％（2013年0.8％）

6：Mobile Virtual Network Operator：周波数の割り当てを受けずに、携帯電話などの無線通信インフラを借り受けて事業を行う企業。

となることを目指す」と書かれている。このKPI（重要業績評価指数）を確実に達成するための政策を行うべきである。

3 インフラ整備への参入機会を拡げる

政府調達の開放によるインフラ整備への参入拡大

　TPP協定では、政府・地方自治体・政府系機関が発注する公共事業や物品について、一定額以上のものは外資系企業にも開放することを定めている。

　日本はすでにWTOの「政府調達協定（GPA[7]）」に加入し、政府が発注する6億円超の建設工事などは外資にも開放しているが、TPP参加国のうち、同協定の締結国は、日本・米国・カナダ・シンガポール・ニュージーランドの5か国に過ぎない（日本とのEPA[8]でメキシコ、ペルー、チリ、オーストラリアの政府調達が開放されている）。TPPで新たに、マレーシア、ベトナム、ブルネイのインフラ整備に参入する機会が広がる。加えて、これまでのGPAやFTAより基準額が引き下げられたり、新たに政府機関が開放されたりすることも大きなプラスである。

民間資金を活用したインフラ整備をリード

　アジアのインフラ需要はきわめて大きく、ADB（アジア開発銀行）試算では年間8,000億ドル（約96兆円）と推計されている。世界銀行、アジア開発銀行に加えてAIIBも設立されたが、それでもインフラ需要を十分には満たせないだろう。他方、アジアには大きな民間貯蓄と外貨準備があり、海外からの巨額の資金流入もある。これをPPPの枠組みなどを活用して、インフラ投資に結び付けることが課題である。

　既に、ADBは日本のメガバンク3行を含む民間金融機関と組んで、アジアの

7：Agreement on Government Procurement
8：Economic Partnership Agreement：経済連携協定。

PPP事業への共同助言や協調融資を行なっている。民間金融機関と提携することで、信用力の高いADBの資金を呼び水にして、その何倍ものお金を集めることが可能になる。参加国内の金融機能の強化も不可欠であり、日本が主導して、各国のインフラ専門の公的金融機関設立や債券市場の育成を支援することが重要である。

　日本は、政府開発援助を通してのインフラ建設支援では多くのノウハウを積み重ねてきている。今後は、PPPやPFIなど資金調達面でも民間の事業者や金融機関を活用するノウハウを蓄積すべきである。インフラ事業は超長期にわたるため、民間の事業者や金融機関が安心して長期資金を出せるよう権利保護などの法整備が不可欠であり、TPP協定を契機に各国での法制度整備を促すことも必要である。

　AIIBの創設により、アジアのインフラ整備の選択肢は拡大する。AIIBがADBなどとの連携を行い、さらに民間資金の活用を積極的に行うことは、AIIBにおけるガバナンス向上や投資基準の明確化をもたらすものである。TPPによって、環境などに配慮したインフラ整備の基準が明確になったり、民間資金活用の枠組みが広がったりすることは、AIIBをよりよく機能させることにもなるだろう。

4 農業を成長産業にする

TPPを契機に農業政策の抜本的な変更を

　TPP交渉では、日本は農産物関税に関し、コメ、麦、乳製品、砂糖、牛肉・豚肉という5項目について関税を撤廃しないという方針で臨んだ結果、他の締約国と比較して多くの品目（全体の19％）について関税を維持した[9]。農産物の関税を維持するという方針は達成されたが、その一方で、米国の日本産自動車への関税において、乗用車の関税2.5％が撤廃されるのが協定発効後25年目、ト

9：他のTPP参加国の農林水産物の関税の維持率は、カナダの5.9％が最も高く、オーストラリア、ニュージーランド、シンガポール、ブルネイなどで全部の関税が撤廃される。

ラックの関税25％の撤廃が30年目と長期間維持されることになった。

さらに、高関税によって消費者に農業保護の重い負担を強いている現状も変更されなかった。このように、農業にほとんど影響のない交渉結果となったため、TPP自体は残念ながら国内の農業改革を促すものとはならない。しかし、TPPがなくとも農業の衰退には歯止めがかからず、さらに、人口減少による国内需要の減少がそれに拍車をかけることとなる。

他方、TPPによって他国の農産物関税が撤廃されたり、検疫の透明性が向上したり、農産品の地理表示（GI）保護が進んだりすることは、日本農業にとって輸出に活路を見出す大きな手掛かりとなる。ここで、TPPを契機に農業を成長産業とすることが可能なのであり、ぜひともその道を選ぶべきである。

政府・与党が「農政新時代[10]」を謳うのであれば、これまで農業発展の足かせとなってきた農業政策を、ここで抜本的に変更すべきである。具体的には、コメの減反・高米価政策、農地政策などにおいて、次の(1)～(3)の改革を実現し農産物の輸出を拡大することが不可欠である。

(1) コメの減反廃止と生産性向上による輸出拡大

農業保護の根拠に食料安全保障や多面的機能がある。しかし、コメの減反政策は100haの水田を減少させ、食料安全保障に不可欠な農地資源を失わせ、また、4割の水田を水田として利用しないことで多面的機能を損なわせている。

減反政策は価格面ですべてのコメ農家の所得を保証する政策だが、年間30日以下の農作業しかしていない兼業農家のわずかな稲作所得を保証することに正当性はない。減反政策がなくなって米価が下がり、主業農家[11]が困るのであれば、主業農家に限って直接支払いを行えばよい。

これによって、主業農家の地代負担能力が高まれば、主業農家に農地が集積し、規模が拡大する。収量増加を阻んできた減反が廃止される効果を考慮すると、日本の稲作生産コストを6割削減することは可能である。

減反廃止と生産性向上による価格競争力の飛躍的な上昇によって、仮に国

10：政府・TPP総合対策本部決定「総合的なTPP関連政策大綱」（2015年11月25日）において、『……いま、我が国の農政は「農政新時代」とも言うべき新たなステージを迎えている。』と述べられている。
11：販売農家（経営耕地面積30a以上または農産物販売金額が年間50万円以上の農家）の中の、農業所得が主（農家所得の50％以上が農業所得）で1年間に60日以上自営農業に従事している65歳未満の世帯員がいる農家。出典：農林水産省資料。

内生産量を現在の750万トンから1,200万トン程度まで拡大させ、400万トン強を輸出するとすれば、コメの輸出金額は8千億円程度となる。政府の農林水産物・食品輸出額目標（現在7千億円、2020年に1兆円）は容易に達成できるのである。

（2）農業資材価格の一層の低下

日本の農産物の価格が高いのは、農業だけに責任があるわけではない。肥料、農薬、飼料、機械、全ての資材価格が、米国の約2倍である。高い資材価格が高い農産物価格を生み、農業の国際競争力を失わせるとともに、消費者に高い負担を強いている。

特に、農協は、肥料で8割、農薬や機械で6割のシェアを持つ巨大な事業体であるが、協同組合であるという理由で独占禁止法は適用されていない。規制改革会議が提案[12]したように、農協（全農、経済連）を株式会社化するなどの方法により、農業資材供給産業をより競争的にすべきである。これにより農業の生産コストをさらに低減できれば、農産物の輸出を一層加速・拡大できる。

（3）農業への企業参入の促進

欧州と異なり、日本では農地のゾーニング（利用規制）が甘いので、簡単に農地を宅地に転用できる。そのため、農地の地価に宅地の地価が反映してしまい、農地の地価は収益還元価格[13]を超える高価格になってしまっている場合が多い。したがって、農業参入しようとする多くの企業や個人は、農地を購入しようとしても地価が高くなり過ぎて購入意欲をなくしてしまっている。

そこで、農業振興地域の整備に関する法律（農振法）を改正して、欧州並みの厳しい農地の確固たるゾーニング（利用規制）を行うべきである。そのうえで、農地法を改正して、一般企業の農地所有を可能にすべきである。それにより、大企業もベンチャー企業も自主的に営農できる。

12：政府・規制改革会議「規制改革に関する第2次答申〜加速する規制改革〜」（2014年6月13日）の「農業分野」において、「農業者の利益増進に資するためには、全国農業協同組合連合会（全農）、経済農業協同組合連合会（経済連）が株式会社化して経済界との連携を迅速に行うとともに……」と述べられている。
13：対象となる不動産（ここでは農地）が、将来生み出すであろうと予測される純収益の現在価値の総和により求められる対象不動産の価格。

農地の所有権を持った営農は、長期的な視点での大区画化などの大規模な基盤整備を可能とする。さらに、農地の貸しはがしに遭うという農地リース方式のリスクがなくなるので、営農が安定するという効果がもたらされる。

5 日本がメガFTAのハブになる

TPPをテコに日中韓FTAを進め、RCEPを自由度の高いものに

TPPの累積原産地規則は、アジア太平洋地域に広範に広がる日本企業のグローバル・バリュー・チェーンをカバーするものであり、さらに今後の立地選択やバリュー・チェーンの組み替えを容易にするものである。また、ビジネスパーソンの移動の自由化が含まれていることで、駐在員の配置でも自由度が増す。大企業のみならず中小企業にとってのメリットも大きく、グローバルニッチ企業の海外進出を容易にするものである。

このようなメリットをより広範囲に広げるには、RCEP[14]（東アジア地域包括的経済連携）をレベルの高い経済連携協定にすることがきわめて重要である。中国を巻き込んで東アジアにレベルの高い自由経済圏をつくるには、日本がTPPをテコにして日中韓FTAを大きく前進させ、併せてRCEP交渉を牽引すべきである。この点でTPPとRCEPの両方に参加する日本の役割は大きい。

TPPとRCEPを合わせれば、APEC[15]（アジア太平洋経済協力）参加国全体の経済連携協定FTAAP[16]（アジア太平洋自由貿易圏）になるが、FTAAPを自由度の高い協定として実現させるためにもRCEPの前進が重要である。

TPP参加国増加への働きかけ

東アジアにレベルの高い自由貿易圏をつくるには、RCEP交渉を進めること以外に、TPP参加国を増やす方法がある。既にフィリピン、韓国、タイ、インド

14：Regional Comprehensive Economic Partnership
15：Asia Pacific Economic Cooperation
16：Free Trade Area of the Asia-Pacific

ネシア、台湾がTPP参加に意欲を示しており、参加ドミノが起こる可能性もある。

　日中韓FTAは難航しているが、韓国がTPPに参加すれば中国もTPP参加に前向きにならざるを得なくなり、事実上、高度な日中韓FTAが成立する可能性がある。ASEANからのTPP参加国が増えることは、RCEP交渉を加速させ、RCEP交渉の進展は日中韓FTAを加速させ、日中韓FTAの進展はRCEPの質的向上を促すといった具合に、TPP参加国の増加は相乗効果をもたらす可能性が高い。韓国やASEAN諸国に働きかけて、TPP参加国を増やすことも日本の重要な役割である。

　米国議会の動向が注目されているが、これだけ多くの国々が参加表明している中で、仮に米国議会で批准がなされないとすれば、米国はアジア太平洋地域で地政学的に優位な地位を失いかねない。日本は自国のTPP法案を成立させ、さらにアジア各国にTPP参加を働きかけることで、米国に対してもTPPの早期批准を促すことが求められている。

TPPと新シルクロード構想の連携

　2016年はG7の議長国が日本であり、また、G20の議長国が中国である。中国は新シルクロード構想を掲げて影響力を行使しようとしており、太平洋を中心とするTPPと対峙する状況にあるとされる。しかし、本来、新シルクロード構想とTPPとは対立するものではない。

　より広い自由な貿易圏をつくりあげるために、日本は両者の間を繋ぐ架け橋となって、メガFTAの中で主導的な立場となることが期待される。G7とG20の議長国である日本と中国の連携が、昨今の閉塞感の生じた世界経済の活性化に向けた鍵になると考えられる。

多くのメガFTA交渉のリード役を

　WTOが暗礁に乗り上げて以来、メガFTAが貿易投資交渉の舞台になりつつある。日本は、TPPのほかに日EU・EPA、日中韓FTA、RCEPという多くのメガFTA交渉に参画しており、メガFTAのハブとして交渉をリードし得る立場にある。政府介入の多い新興国との競争条件の公平性確保は、日本企業にとって重要であり、グローバル・バリュー・チェーン展開に有利な条件をつくり出すチャンスに直面しているととらえるべきである。

　TPPのような包括的協定でなくとも、個別分野で複数国間の協定をつくる「プルリ協定[17]」も進めていくべきである。プルリ協定とは、グローバル化の優先度が高いものについて、合意できる国同士で合意していくという考え方である。ITA[18]（情報技術協定）や、ACTA[19]（偽造品の取引の防止に関する協定）がこれに該当する。

　TPPには、労働・環境保護などWTOではカバーされない分野が含まれているが、グローバル化の優先度が高い分野について、日本が主導してEUや中国など有力国に働きかけ、プルリ協定をつくっていくことが望まれる。投資（ISDS[20]を含む）、国有企業、貿易と労働、貿易と環境、貿易円滑化など、プルリ協定が望ましい分野は多い。

　多くのFTAの誕生によって協定間で矛盾が生じる「スパゲティ・ボウル現象[21]」が懸念されているが、メガFTAは、その弊害をより小さくするものである。さらに、プルリ協定をWTOに持ち込み均霑（きんてん）させれば、世界ルールになる。日本はメガFTAのハブとして、このような世界的ルールづくりにも貢献すべきである。

国内にメガFTAの本格的な推進体制を

　これまで日本では、EPA／FTAは複数の官庁によって担われ、縦割りの弊害が生じがちだった。しかし、TPPは内閣官房に政府対策本部が設置され、担当大

17：Pluri-Lateral Agreement：複数国間の協定。　　18：Information Technology Agreement
19：Anti-Counterfeiting Trade Agreement
20：Investor-State Dispute Settlement：投資家対国の紛争解決。
21：FTAなどの貿易協定が増えてくると、さまざまな内容の貿易ルールが乱立して、自由貿易政策が停滞してしまう現象。コロンビア大学のBhagwati教授が1955年に出版した本で使ったのが始まり。

臣のリーダーシップのもと、一丸となって対応する体制がつくられた。今後、日本がメガFTAのハブになるためには、日本版USTRとも呼ぶべき本部の存在が不可欠である。TPP本部を「メガFTA本部」に格上げし、政府全体で取り組む体制を整えるべきである。

　TPPやFTAを国内で強力に進めるには、データの整備も必要である。現在は、既存FTAが企業にどれだけ活用されているかのデータすら十分に整備されていない。現協定の問題点の把握や、今後のFTAの推進のためにも、政府としてデータの整備と活用を行うべきである。

　メガFTAのハブになるためにも、TPPの事務局を積極的に誘致すべきである。現在は、常設の事務局を置くかどうかも未定であり、置く場合の候補地として数か国が名乗りをあげているに過ぎない。わが国でも沖縄に誘致すべきという声がある。日本は、地理的にはアジア太平洋の中心部に位置し、事務局機能を担うだけの行政能力もある。TPPの司令塔となる事務局誘致を積極的に進めるべきではないだろうか。

II　TPPを最大限に活かすために「内なる改革」を！

魅力的なビジネス環境づくりに本腰を

　TPPによって日本が新たな成長機会を手にし、アジアをリードするためには、TPPをテコに国内の改革を進めることが不可欠である。日本のビジネス環境は、東アジアの中で決して優位に立っているわけではない。『日本再興戦略』では、2020年までに世界銀行が毎年行うビジネス環境ランキング[22]で、先進国中3位以内にはいることを目標に掲げていたが、2016年のランキングでは24位、発展途上国も含めた全世界でのランキングでは34位であり、近年順位を落としつつある[23]。

　経済成長フォーラムで実施した企業経営者アンケート[24]でも、「日本にとってのTPPのメリット」として最多の回答は「国内の構造改革が促進される（23.0％）」であり、「TPPを日本の成長に活かすために政府が最も優先的に取り組むべき政策分野」として、最多の回答は「規制改革（24.2％）」であった。TPP参加国で最もビジネス活動をしやすい国になるよう、規制改革をはじめとしたビジネス環境の改善や貿易障壁の撤廃を行うことこそ、もっとも重要な国内対策である。

行政のグローバル対応を本格的に進めよ

　日本企業は、世界の広範な地域で消費地に近いところでの生産を進めており、かつての加工貿易型とは様変わりしている。しかし、行政には、依然として日本中心の発想が残存しており、それが対日直接投資の阻害要因にもなっている。投資における国内・海外の無差別対応は進んでいるが、さらに、海外企業にとっても使い勝手のよい行政となり、グローバルな企業・人材にフェアなビジネス環境を提供すべきである。

22：出典：The World Bank "Doing Business 2016"（2015年11月4日）
23：全世界190か国程度のうち、2013年は24位、14年は27位、15年は29位だった。
24：出典：経済成長フォーラム「企業経営者緊急アンケート調査報告　TPPの影響と対応〜現下の経済と企業経営〜」2016年1月12日。

人材の受け入れにおいても、EPAによって国際的に評価の高いフィリピンなどからの介護人材を受け容れながら、難易度の高い日本語での試験によってその多くを本国に帰しているような事態を繰り返すべきではない。介護人材のように、日本で人手不足が深刻でかつスキルが必要な分野では、外国人人材に求められる基準を別途設定して、日本における試験を不要にし、日本語そのものは本国でマスターできるように支援すべきである。国家戦略特区の活用でできる分野から改革を進めればよい。それによって、TPPや今後進むであろうRCEPなどを、海外人材活用の面でも最大限に生かすことができるようになる。

　TPPを契機に、「行政が先頭に立ってグローバル対応を進める」ぐらいの転換が必要である。行政官に必要とされる能力・語学力も、メガFTAの時代を前提に見直す必要がある。グローバル化の観点からの行政改革が不可欠である。

第2部

シンポジウム
「TPPは日本をどう変えるか」

パネル討論

▌▌▌ 討論者 ▌▌▌ （敬称略）

■コーディネーター

□経済成長フォーラム　座長

　政策研究大学院大学 教授　　　　　　　　**大田 弘子**

■パネリスト　　（氏名50音順）

　ヤマト運輸（株）執行役員国際戦略室長　　**梅津 克彦**

　早稲田大学 大学院アジア太平洋研究科
　　　　　　　　　　　　　　　　教授　　**浦田 秀次郎**

　みずほ総合研究所（株）政策調査部
　　　　　　上席主任研究員　　　　　　　**菅原 淳一**

□経済成長フォーラム　コアメンバー

　（株）経営共創基盤 代表取締役CEO　　　**冨山 和彦**

　（株）ファーム・アライアンス・マネジメント
　　　　　　　　代表取締役　　　　　　　**松本 武**

■総括講演講師

□経済成長フォーラム　コアメンバー

　（株）日本総合研究所 理事長　　　　　　**高橋 進**

　　　　　　（所属・役職はシンポジウム開催日のもの）

【開催日時】
2016年5月20日（金）14時00分〜16時45分

1 TPP提言のポイント～私たちはこう考える～

経済成長フォーラム 座長　大田 弘子

①政府調達、知的財産保護など、これまで国際ルールが十分に整備されていなかった分野でのルールづくりが含まれている
②流通・金融・通信などのサービス分野の包括的な自由化が含まれている
③開かれた通商協定である

TPPに画期的な三つの内容

大田　経済成長フォーラムでは、TPPの日本経済に与える影響を検証するというよりも、TPPを日本経済の成長にどう結びつけていくのかということをテーマに検討しました。TPPを最大限に活かすことで日本経済の新たな可能性が開けます。そのために必要な改革は何かということがテーマです。

　TPPは、関税撤廃以外に画期的な内容を含んでいます。第一に、政府調達、知的財産保護といった、これまで国際ルールが十分に整備されていなかった分野でのルールづくりが含まれています。たとえば、国有企業に対する本格的な規制が導入されていますが、これはこれまでのWTO協定や日本が関わるEPA／FTA、あるいは米国のFTAでも不十分にしか設定されていなかったものです。このルールは将来、多くの国有企業を有する中国がTPPに参加する際には重要なルールとなります。

　第二に、流通、金融、通信といったサービス分野の包括的な自由化を含んでいます。GATT[25]（関税貿易一般協定）では、サービス分野の自由化についてはポ

25：General Agreement on Tariffs and Trade

ジティブリスト方式でした。つまり、自由化できる分野のみを示していたわけですが、TPPでは、適用しない例外分野だけを規定するネガティブリスト方式になっています。自由化しなくてもよい分野だけを示しており、それ以外はすべて自由化しなくてはいけないことになりますから、より透明性が高まり、予見可能性が高まり、法律的な安定性も高まっています。こういう二つの点で、TPPはこれからの広域的なFTAのモデルになると思われます。

　第三に、TPPは開かれた通商協定です。既にフィリピン、韓国、タイ、インドネシア、台湾といった国が参加に意欲を示しています。参加国が広がっていくと、日中韓FTAや東アジア地域の広域的なFTAであるRCEPなどに影響を与えて、相乗効果を発揮する可能性があります。

　12か国がこのような内容で合意に至ったということ自体意義がありますが、発効するかどうかは予断を許しません。発効の要件は、①すべての参加国が署名後2年以内に国内手続きを終える、②2年以上たった段階でTPP参加国全体のGDPの85％を占める少なくとも6か国が批准の手続きを終えている、の2点です。この要件からみて特に重要なのは、米国と日本です。米国のGDPはTPP参加国全体の60％を占めており、米国の国内手続きが終わらない限りTPPは発効できません。同様に、日本のGDPも16％を占めており、日本の国内手続きが終わらない限りTPPは発効できません。TPPにおいて日本は、大きな影響力を持っています。アメリカに早期批准を促すためにも、日本での早期の批准が望まれます。

TPPが拓く日本経済の可能性

大田　今回の提言で私たちは、「TPP発効を待たずに国内の改革に着手すべきだ」と言っています。日本では、TPPが農業にどういうダメージを与えるのかといった話に関心が集中しがちですが、TPPは日本の成長機会を拡大させるものです。発効を待たずに、TPPを契機に「内なる改革」に着手することが大切です。

具体的には、TPPが日本経済にもたらす可能性を踏まえ、五つの角度から提言しています。

第一に、「国際ルールづくりでの、けん引役になる」。これからアジアを主たる舞台としてルールづくりが進みます。その中で、たとえば日本が得意とする電子商取引といった分野で米国と連携して、積極的なルールづくりを行なっていくべきです。

第二に、「サービス産業のグローバル展開を加速する」。サービス産業の生産性の低さは、日本経済の長年の問題です。その要因の一つは、サービス産業のグローバル化が遅れていることにあります。TPPでは、たとえば、ベトナムやマレーシアで小売業、金融業を展開する範囲が拡大します。サービス産業には大きなチャンスとなります。

第三に、「インフラ整備への参入機会を拡大する」。政府、あるいは政府系機関が公共事業や物品を発注する際に、外資系企業にも等しく門戸を開くという協定がWTOの中にあります。これを「政府調達協定」と言います。日本は既にこの協定に加入しているので、TPPが取りまとめられても、ここで日本が失うものはありません。むしろTPPがスタートすることで、これまでこの協定に入っていなかった国、また日本との間でのEPAもできていない国、具体的にはベトナム、マレーシア、ブルネイといった国に対して、日本がインフラ整備で参入する機会が広がっていきます。

第四に、「農業を成長産業にする」。農業については、日本は、他の参加国と比べて多くの品目で関税が維持されました。残念ながら、TPPによって、農業改革が大きく進むということにはなりません。しかし、TPPを契機にして、農業を成長産業にしていくことは可能です。TPPで、他の国の農産物関税が撤廃される、あるいは検疫の透明性が向上する、といったことが行われますと、農業の輸出を伸ばす手がかりになります。TPPがあろうがなかろうが、農業を成長産業にする取り組みは待ったなしです。ぜひこの機会に、日本の農業改革を前に進めたいと思います。

第五に、「日本をメガ（多国間）FTAのハブにする」。WTOはいま、暗礁に乗

り上げており、メガFTAが世界の通商交渉の舞台になっています。日本はTPP、日EU・EPA、日中韓FTA、RCEPという四つのメガFTAに参加しているのですから、メガFTAのハブとして交渉をリードし得る立場にあります。そのためにも、魅力的なビジネス環境をつくる改革が急がれます。行政も、日本中心の発想から脱却して、海外の企業や人材にフェアなビジネス環境を提供すべきですし、産官学のイノベーションも国境を越えて連携するクロスボーダー型のイノベーション体制へと転換すべきです。

　以上が提言の簡単な紹介です。今日は討論を通して、これを掘り下げてまいります。討論では、総論と個別分野に分けて、TPPを議論します。まず総論については浦田先生と菅原さん、お二人ともTPPというと必ず出てくる第一人者でいらっしゃいますが、「TPPが日本にとって持つ意味は何か」「日本経済に何が求められているか」について問題提起をお願いいたします。その後、「個別分野でサービス産業はいま、何をすべきか」「中小企業にとって、TPPとはどういう意味を持つのか」「農業はいま、何をすべきか」といったことを、主なテーマにして討論を進めていきます。

2 TPPは日本にとってどういう意味を持つのか

早稲田大学大学院アジア太平洋研究科教授　浦田 秀次郎

①TPPは、低迷している日本経済再興の「触媒」になりうる
②TPPは、世界貿易体制の再構築に大きく貢献する

TPPは日本経済再興の触媒

浦田　私からは二点、お話したいと思います。第一点は、TPPは低迷している日本経済の再興に当たっての触媒になり得るということ。第二点は、TPPは世界貿易体制についての交渉が、いまはあまりうまくいっていませんが、そういった世界貿易体制の再構築に大きく貢献するだろうということです。

　まず、日本経済再興に当たっての「触媒」になり得るだろうということですけれども、日本経済は、皆さんご存じのように、1990年代初めのバブル崩壊後、低迷を続けています。その原因は、投資や消費の低迷、デフレ、少子高齢化、債務問題などさまざまあるわけですが、最初に私が強調したいのは「閉鎖的な経済」の問題、すなわち対内直接投資の低さの問題です。

　表1は、「貿易とGDPの比率」「投資とGDPの比率」について、日本と他のAPEC加盟国とを比較したものです。同表から、日本は他のAPEC加盟国と比べて、貿易及び投資の対GDP比率が低いことがわかります。特に顕著なのは対内直接投資の低さです。TPPは、貿易と投資環境を開放することで、貿易と投資が拡大します。貿易の拡大は、生産効率を向上させます。一方、対内直接投資が増えるということは、有形・無形の経営資源の流入が増えるということです

■ 表1

■APEC加盟国・地域の対外活動（対GDP比、単位：％、2013年）

	輸出	輸入	対外直接投資ストック	対内直接投資ストック
豪州	19.5	19.5	31.2	39.1
ブルネイ	-	-	0.8	85.0
カナダ	29.4	31.7	40.3	35.4
チリ	32.2	34.1	36.5	77.2
中国	26.1	24.7	6.6	10.3
香港	244.0	248.5	490.4	523.6
インドネシア	23.5	25.4	1.8	26.5
日本	17.5	20.2	20.1	3.5
韓国	51.5	47.6	17.9	13.7
マレーシア	85.6	80.1	43.2	46.6
メキシコ	31.7	33.3	11.4	30.8
ニュージーランド	28.3	27.9	10.1	46.0
パプアニューギニア	41.0	63.4	2.0	26.5
ペルー	23.9	25.1	1.9	34.7
フィリピン	28.8	29.2	4.9	12.0
ロシア	28.0	22.1	23.4	26.8
シンガポール	178.7	168.3	174.9	294.2
台湾	69.8	60.9	50.2	13.0
タイ	74.1	78.9	14.3	45.4
米国	13.4	16.5	37.5	29.2
ベトナム	83.1	84.6	-	47.8
APEC平均	25.1	26.0	29.2	27.6
世界平均	31.0	30.8	35.6	34.2

出典：APEC,Stats,APEC, http://statistics.apec.org/

から、投資受入国の生産性にプラスの効果をもたらします。TPPによって貿易及び投資が拡大することで、国際的に低いと言われている日本の労働生産性を高める効果が期待されています。

TPPの発効によって日本経済にどのような影響を及ぼすかについて、内閣官房TPP政府対策本部が昨年12月に試算結果を発表しています。それによると、日本のGDPは2.59％引き上げられるそうです。また、この発表の直後に世界銀行も同じような試算結果を発表しましたが、そちらでは2.7％の上昇となっています。

どのようなメカニズムでこれが実現されるかというと、内閣官房の試算で考えられたストーリーは次のとおりです。

■ 図1

■アジア太平洋における主要なFTA

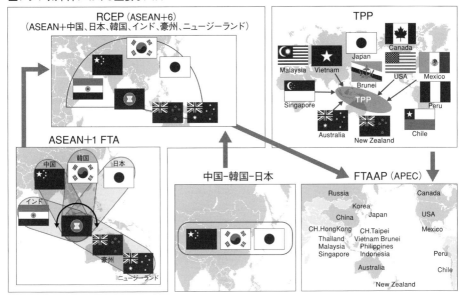

① 貿易開放度が上昇し、輸出入が拡大し、生産性が上がる。
　　　　　　　↓
② 生産性が上がると、実質賃金が上がり、労働供給が増え、その結果、実質所得も増える。
　　　　　　　↓
③ 実質所得が増えれば、貯蓄・投資も増加して、資本ストックが増える。それが生産力拡大になる。

　①はTPPが発効すれば実現されますが、②と③はTPP発効だけでは実現できません。国内のさまざまな改革が必要になります。TPPが発効することで、この②、③を実現しようと国内改革の大きな流れができるでしょう。そういう意味で私は、TPPが日本経済再興の「触媒」になると思っているわけです。

続いて第二点目の、世界貿易体制の再構築についてお話したいと思います。自由貿易体制の枠組みについては、もともとWTOの場で議論されており、現在のドーハ・ラウンドと呼ばれる多角的貿易自由化交渉は2001年に始まりましたが、現在もまとまっていません。昨年末にナイロビで閣僚会合が開かれましたが、先進諸国からは「ドーハ・ラウンドはもう死んでしまった」という声が聞かれるわけですが、途上国は「まだ続けたい」ということで続いております。いずれにせよ、なかなか自由化に関しては進んでいないのが現状です。

　そういう中で、二国間や複数国間のFTAが増えてきたわけです（図1）。最近の動きとしては、メガFTAと呼ばれる大規模な交渉がされるようになり、TPPはその先頭を切っています。TPPの交渉としては、署名が終わり、次の批准、そして発効へ期待が移っているわけですが、世界を見るとTPPの署名が行われたことにより、他のメガFTAにも刺激が加わり、交渉が前進するという効果も現れています。興味深い動きとして、情報技術、サービスなど個別の通商分野ごとに複数国・地域間での枠組みをつくろうとする動き、いわゆるイシューごとのプルリ合意[26]の動きもあります。メガFTAの中心的な存在であるTPPが発効すれば、世界の貿易体制の再構築に、間違いなく大きく貢献するというのが私の主張です。

26：pluri-lateral agreement：複数国間の合意。したがって、TPPなどのメガFTAやメガEPAもプルリ合意だが、これらは国ベースの合意に限定される。現在、イシュー（課題）ベースのプルリ合意の重要性が急速にクローズアップされている。　出展：中富道隆「通商分野でのイッシューベースの複数国間合意（プルリ合意）について」2012年4月2日、経済産業研究所ホームページ。

> みずほ総合研究所㈱政策調査部上席主任研究員　菅原 淳一
>
> **TPPによる三つの効果**
> ①貿易投資の自由化による対内投資増大と日本経済活性化の可能性がある
> ②「21世紀型」と言われる高度なルールによる締約国の結びつきにより、国境を越えたビジネスがしやすくなる
> ③国内改革の起爆剤となりうる

TPPによる三つの効果が生み出す成長への好循環

菅原　TPPについて、多くの方が期待と不安をお持ちかと思います。今日、私は期待の方に焦点を当てて、これをいかにうまく活用していくかということをお話したいと思います。

　経済的な視点から見た場合のTPPへの期待は、これが日本の成長戦略の切り札になるのではないかということが挙げられるかと思います。TPPには、三つの効果が期待されています。

　一つ目は、一番わかりやすいものですが、貿易投資の自由化です。相手国が貿易や投資を自由化するということだけではなくて、日本も市場を開放することによって、現在、大変低い水準にとどまる日本への対内直接投資を増やし、日本経済の活性化を図っていくということが期待されるということであります。

　二つ目は、今回、TPP参加12か国が共通のルールで結ばれるということです。しかも、その共通ルールというのは「21世紀型」と呼ばれるように、グローバルなサプライチェーンやバリューチェーンに対応する大変高度なルールになっ

ていて、これにより、国境を越えたビジネスがこれまでよりもやりやすくなるということが期待されるわけです。

　そして、三つ目は、国内改革の起爆剤としての役割です。TPPの持つ、こうした高水準の自由化、高度なルールに対応するためには、参加各国はそれぞれに国内改革を進めていかなければなりません。改革の起爆剤として、TPPが期待されています。

　貿易投資が自由化され国境の障壁が大きく下がり、参加する国々が共通の、しかも高度なルールで結ばれて、それぞれの国が改革を進めるということになれば、域内市場の一体化の進展が期待されます。つまり、ヒト、モノ、カネ、サービス、情報が活発に行き交う12か国、8億人の市場が創出されるということになります。そうなりますと、この域内全域にわたってサプライチェーン、バリューチェーンを既に構築している日本企業、またこれから構築しようとしている日本企業にとっては、効率的に最適な域内分業体制をつくり上げることが可能になるし、各国内改革も進むので、新たなビジネスチャンスが生まれる可能性も出てきます。一国経済から見れば、それが成長の機会の創出につながっていく、ということになるわけです。これが恐らく「成長戦略としてのTPP」というものの意味ではないかというふうに考えております。

　これらが実現すると、日本にいながらにして、TPPに参加している北米市場や新興国市場が狙えるようになるので、日本の立地競争力が向上します。それによって空洞化が抑止される。雇用の維持、創出につながる。また、イノベーションが触発されて、生産性が向上していく。こういった好循環が生まれることが期待されるわけです。

新興国以上に難しい日本の構造改革

菅原　各国にとって成長の機会になるであろうTPPですけれども、日本に引き寄せてみると、残念ながらTPPだけでは、成長戦略の切り札とするにはまだ少し力不足かもしれません。TPPの合意は、30章にわたる膨大なものです。そこ

には物品貿易のみならず、サービス貿易、投資、政府調達における高度な自由化、市場開放、それから国有企業規律、知的財産権の保護といったような分野での高度なルールがつくり上げられています。たとえば、マレーシアやベトナムなどの新興国にとってTPPで約束した自由化というのは、これまでにない非常に高い水準のもので、関税だけではなくて、サービス貿易、投資、政府調達分野と多岐にわたっているわけです。また、新興国では国有企業というのが経済の大きな部分を占めていますが、TPPによって国有企業規律が作成されたことにより、これに対応するため国内の経済構造を大きく変えていく必要が出てくるわけです。したがって、こうした新興国では、TPPで合意された義務にしたがうことのみで、かなり国内改革が進んでいくと考えられます。それが日本企業にとってみれば、ビジネスチャンスにつながっていくという期待になるわけです。

しかしながら、日本を見た場合、これまでにかなり自由化が進んでおり、先進国として高度なルールにも対応してきています。TPPで負った義務、それのみに対応するだけでは、いわゆる岩盤規制のようなものの改革はなかなか進んでいかないのではないかと思います。やはり、TPPを起爆剤として国内の構造改革をいかに進めていくかということが今後の課題になっていきます。経済成長フォーラムの提言にもあるように、規制改革をはじめとしたビジネス環境の改善や貿易障壁の撤廃を行うことこそ、最も重要な国内対策であると私も思います。

TPPを成長に結び付ける具体策

大田 お二人の話で共通していたのは、TPPが発効するだけでは駄目で、これは触媒であり、起爆剤だということ。したがって、これを触媒として成長に結びつけていかなくてはなりません。浦田先生のお話では、貿易開放度が高まることによる生産性の上昇を、所得の上昇につなげ、さらに資本ストックの上昇につなげていかなければならないわけですね。これには何が必要なのでしょう

か。具体的に何をすれば良いのかということをもう少し議論していきたいと思います。

浦田 いま、活発に議論していますが、労働市場改革が重要だと思います。労働資本という生産要素が最適に使われるような環境をつくり出すことが必要であり、市場開放はその一つのきっかけになります。

菅原 TPPの効果として貿易投資の自由化がありますが、これは相手国が開くだけではなくて、日本が開くことが重要です。実際のTPPの合意内容を見てみますと、たとえば、サービス貿易、投資、政府調達というところでは、既に日本が結んでいるEPA／FTAが15件ありますが、TPPではそれらを大きく上回るような自由化の約束は、実はしていません。日本は農業分野が注目されるので、「これまでにない自由化をする」というイメージがありますが、実は農業以外ではあまり自由化していない。そうなりますと、TPPだけでは対内直接投資を呼び込むとしても、なかなか難しいだろうと思います。

　実際に、いまの日本に対内直接投資がなかなか来ないというのは、単に自由化されていないからということよりも、むしろそれ以外の要因が大きいということかと思います。その中には恐らく税制の問題もあれば、TPPでは問題になっていないような規制とか、慣習の問題だとか、あとはやはり外国企業、外国人労働者がなかなか働きにくいような環境というものがあるだろうということかと思いますので、そのような改革を、TPPと併せてやっていくということが重要だということかと思います。

浦田 政府が「対日直接投資会議」というものを設置し、私はメンバーになっています。そこで議論されていることは、外国企業が進出しやすい環境になっているかということです。たとえば、人の問題では、外国人子女が教育を受けられるようなインターナショナル・スクールが少ないとか、海外から夫婦で日本に赴任してきた場合、ご主人の就労ビザはすぐ取れるけれども、奥さんの就労ビザがなかなか取れないというようなことを議論しています。対内直接投資を進めるためには、こういった問題への対応も重要だと思います。

大田 ありがとうございます。では、冨山さん、TPPを触媒にして、実際に生

産性を上げ、立地競争力を高めるためには何が必要でしょうか。

冨山 生産性を高めていくうえで非常に効くのが、やはり新陳代謝の問題。これは産業だけではなくて、企業の新陳代謝もありますが、ある種の保護政策が阻害要因となっていることがあります。保護貿易も保護政策の一つですよね。保護政策は具体的にどういう形を取るかというと、いわゆるゾンビ企業を延命させる形を取るのが一番典型的な政策例です。ある意味、農業もそういうところがあります。

　それをやっていると結果的に何が起きるかというと、日本の労働市場の構造は、どちらかというと労働移動を良しとしない前提でいろいろな仕組みができあがっているので、極めて労働生産性が低い企業に低賃金で労働者がロックインされることになり、最低レベルの失業率が続いても賃金が上がってこないという事態になるわけです。本来、「フィリップス曲線」と言って、失業率が下がると賃金が上がって物価が上がり、デフレから脱却する。こういうことが起きなくなるわけです。

　TPPは、少なくともそういった保護政策の壁を下げる方向に働くわけですから、私はそこが非常に重要なのだろうと思っております。

大田 松本さん、農業の分野ではいかがでしょうか。

松本 私はTPPの議論をずっと農業分野のほうから見ていました。農業がTPPにおける足枷のような状況ではありますが、一方で、意外にもTPPに期待する声が若手の農家の中にはありました。やはり農業は、産業構造的に非常によどんでいた部分があって、そこにある意味、新しい風が吹き、「日本の農業が変わる」といった風通しの良い環境をつくることができたというだけでも、TPPは十分効果があったと私は思います。

　メガFTAをどう活かすかということを考えていけば、そういうことにチャレンジする農業者が現れ、いろいろな可能性自体がもっと膨らんでくると思います。政府のほうが何か勝手にいろいろな尺を決めてしまっているということに、まだ歯がゆさがあるのですが、いろいろな産業と接触することによって農業が大きく変わることを期待したいと思います。

大田 実際にビジネスをしておられる立場で、ヤマト運輸の梅津さん、いかがでしょうか。

梅津 宅急便の世界では、労働力不足が深刻になっています。少子高齢化という問題がありますが、若い人たちが運転免許を取らない。ヤマト運輸のドライバーは5万人いますが、宅急便の幹線輸送で必要なトラック輸送の免許を持つ方が非常に少なくなっています。そこで将来、外国人の方をどうやって取り込めるのかという課題があります。

具体的には、ヤマト運輸の安全基準をプラットホームとしてマレーシアに輸出し、ASEANから人を集め、現地でドライバーの教育を行い、ドライバーを育てる。言わばドライバーの輸出というようなことを国土交通省と一緒に取り組んでいます。日本の安全に対する担保の仕方等々を体系化・可視化し、伝承化するということも、TPPを活かしていくうえで重要だと考えています。

国内企業の人材活用や新陳代謝の仕組みの高度化を

大田 日本のいろいろな仕組みや優れた点を、TPPを契機に加盟国に広げていくことができれば、それは大きなメリットだと思いますね。

浦田先生に伺いたいのですが、いまの皆さんのお話でも、TPPを契機に海外から優れた企業や人材をさらに呼んでくる。日本国内の人材をもっと活性化する。そのために労働移動の仕組み、あるいは新陳代謝の仕組みを高めていくということに尽きるのですが、TPPをそういう改革につなげていこうという議論がなかなか起こらないですね。TPP発効までの間に、どんな形で国内の構造改革の議論につなげていけば良いのでしょうか。

浦田 まず一つは、今回のフォーラムのような活動を継続的にやっていくことです。一時のTPP熱というのは、時間が経つと冷めてくると思います。それを冷ましてはいけないわけで、いろいろな人が継続して発信していくことが必要です。私は、大学の授業でTPPを頻繁に扱い、学生にTPPの重要性、さらにはもう少し一般的に市場開放、構造改革の重要性というのを教えています。学生

や一般の人たちに伝えていくということが必要だと思います。

　もう一つ、また人の問題ですけれども、日本に来る留学生を増やそうとしていて、なかなか増えない。その理由の一つに、日本に留学しても日本企業に雇ってもらえないというのがあります。日本で働くことを期待して来る学生はかなりいるわけです。もちろん積極的に留学生を雇ってくださる企業もあるわけですけれども、できればもっともっと積極的に外国人留学生を使っていただきたいと思います。それは既に海外展開している企業だけでなく、将来、海外展開する企業にとって有効で、重要なものになります。そういった長期的観点から人材活用を考え、やっていただければ良いと私は思います。

梅津　物流の観点で申し上げますと、域内の流動化をどういうふうに構築するかということが課題です。安全で速く物をお届けすることができる、いまの国内インフラを、どういうふうに外に広げていくかということです。

　速さという部分に関しては、TPPでは急送便の通関を6時間以内に確保しなければいけないことになっています。スピードアップが期待できるわけで、産業界でどのように対応するか、コンソーシアムを組み、混載などによるスピード化、効率化について検討をはじめています。

菅原　どうしてTPPを国内改革につなげようとの動きがなかなか進まないかということですが、私は冒頭、TPPには期待と不安があるという話をしました。やはり、この不安の払拭がまだできていないところが、残念ながら、TPPの活用にまで視野が広がっていかない最大の原因ではないかと思います。国会の審議を見ても野党は、こんなにTPPは悪いところがあるではないか、政府はまだ隠しているのではないかということだけを言っている状況です。

　そういった意味で、政府の政策大綱[27]は発表されていますけれども、やはり政府が責任を持って「これは大丈夫なのだ。TPPの概要はこうです。国内対策として、われわれはこういうことをやっていきます」ということを発信し、国民の不安を払拭していかないと、なかなか活用にまで議論が進まないのではないかと感じております。

大田　TPPによる懸念や不安について、何か気をつけておくことはあります

27：TPP総合対策本部決定「総合的なTPP関連政策大綱」2015年11月25日。

か。

菅原 基本的には、あまり大きなことはないというふうに考えてはいます。ただ、大きなことはないと言ってしまうと、それぞれの分野で利害を抱えていらっしゃる方からすると、「いや、自分のところは大きいんだ」という話になる。個別の論点をみれば、それぞれはそれぞれに重要な論点を含んでおりますので、これについては十分に留意していく必要があるということかと思います。

　農業分野は当然ですし、今回、法案として出されている中では、たとえば、知的財産に関しては、TPPに対応するためにかなり法改正が行われるということです。さまざまな分野でTPP対応による変化が起こるということは確かです。

3 サービス産業はTPPをどう活かすのか

ヤマト運輸(株)執行役員国際戦略室長　梅津 克彦

①ゲートウェイ構想により、eコマースに適した物流の実現を目指している
②「プロジェクトG(Government)」と呼ばれる、農水産品を海外に売りたいという地方の要望に応えるためのプラットホームを構築した

ヤマト運輸のゲートウェイ構想で地域に貢献

大田　個別分野のことに話が移ってきましたので、ここからは分野ごとにTPPの意義をどう考えれば良いのかを議論していきたいと思います。まずサービス産業はいかにTPPを活かすかということで、ヤマト運輸の梅津さんに口火を切っていただきます。

梅津　ヤマト運輸の宅急便は、2016年1月で40周年を迎えました。成長要因は、ボイス・オブ・カスタマーを重視してきたことと考えています。お客様のご要望を、たとえば時間帯指定などの形にして、着実にサービス、商品に反映してきました。コールドチェーン[28]、クール宅急便も1988年から業界で初めて開始しましたが、これもお客様の声から考えたサービスです。このように、お客様の声をさまざまな工夫をしてサービスに反映させることが、当社のサービスの基本です。

　図2は、当社のゲートウェイ構想を図にしたものです。ゲートウェイを、厚木、中部、関西につくります。これにより、eコマースに適した物流の実現を目指しています。たとえば、通販でクリックしたときから商品が届くまでを分

28：生鮮食品や医薬品などを、産地から消費地まで低温・冷蔵・冷凍の状態を保ったまま流通させる仕組み。

■ 図2

■ヤマト運輸のゲートウェイ構想
国内外の宅急便展開国間を沖縄国際物流ハブを活用して、地方からもスピード輸送を実現!!

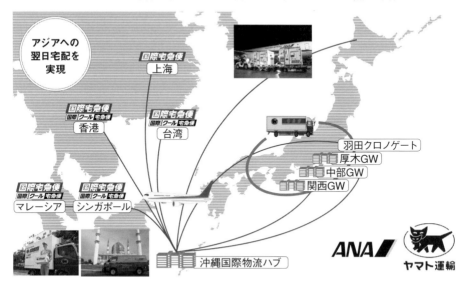

単位、時間単位で分析し、商品をどう輸送するのがよいかを考え、お客様の購入から商品が届くまでのリードタイムを短くしたいと考えています。具体的には、2017年までに、東名阪沿いは同日、海外は翌日の配送を目指しています。海外向けには、沖縄をハブにし、上海、香港、台湾、シンガポール、マレーシアへの翌日配送を既に実現しています。

　さらに、これを使って何ができるのかというと、実は農水産品の輸出を促進しております。当社は2011年から「プロジェクトG」というのを走らせています。Gは地方行政のことです。当社は、宅急便ネットワークを活用した地域支援活動として、買い物支援などさまざまな取り組みを行なってきました。案件として約1,000、実行例として約300あります。その中で、地方、特に県から要請が多かったのが、農水産品を海外に売りたい、というものでした。そこで、そのためのプラットホームをつくり、先ほど説明したゲートウェイ、沖縄ハブ

を使って、翌日に農水産品を海外に届けることができるようにしました。

このプラットホームの最大のねらいは、生産者の所得向上です。これまで生産者が海外に農水産品を出す場合の対応は、バルク（ばら積み貨物）しかありませんでした。生産者の「バルクではなく、1個から売れないのか」という要望に応え提供を開始したのが、このプラットホームです。既に4年目に入りますが、日本には、春、夏、秋、冬の旬があり、47都道府県の産地があります。季節単位、県単位、製品単位、産品単位を掛け算すると、限りなく大きなマトリックスが描ける。その中で「1個」をどういうふうに海外に出し、生産者所得の向上に繋げていくか、現在、実証を重ねています。

農林水産省は、農水産品の輸出を1兆円まで増やすことを掲げていますが、かなり難しいと思っています。いま、青森県がかなり積極的で、毎日、大量にホタテやヒラメを海外に出していますが、そのような取り組みだけで1兆円いくとは思いません。私たちが政府にお願いしているのは、宅急便を通じて得たお客さまの声をオールジャパンで取り上げ、構造改革を促進してほしいということです。オールジャパンで、春、夏、秋、冬の旬をどうやって海外に、安心で、安全で、おいしいものとして出していくか。その基準をTPP加盟国でのリーディング・スタンダードにしていくか、国単位でやらない限り、進まないと思っています。

毎日がいろいろなクエスチョンマークとの戦いです。ただし、日本の農水産品に関する、安心、安全、おいしいという評価は、揺るぎないものだと思っています。

松本　私はどちらかというと、大きいボリュームで海外輸出を展開していくことを目指している側ですけれども、ヤマト運輸さんの機能を考えれば、レストラン関係のニーズにもっと展開ができると思いました。ボリューム的にもちょうど良い。そういったところのニーズがあるということがどんどん情報として流れてくれば、B to small B みたいな形で広がると思います。

やはり「1兆円を目指す」といったときには、それぞれの機能が必要だと思います。大きいボリュームでやるビジネスと、スモールとがあると思いますの

で、そこをうまく使い分けながらやると、かなりの可能性があるのではないかというふうに感じています。

TPPはサービス産業に大きなメリット

大田 物流事業を通して、新たな可能性を開くというお話がありましたが、冨山さん、物流以外のサービス産業まで含めて、TPPをどう活かしていくか、何かアドバイスがあればお願いします。

冨山 サービス産業では、実は先ほど話のあった包括的ルールというのがすごく効きます。梅津さんがおっしゃった安全基準なんかは、力のあるサービスやバリューを持っている企業からすれば、自分のホーム・グラウンドと同じルールのほうがいいに決まっているんですよ。要は、こちらがより高いスタンダードの安全基準や衛生基準の中でやっている場合、相手も同じルールになれば、向こうの企業は高い基準に合わせなくちゃいけなくなるから、こっちが圧倒的に有利になるわけです。かつ、意外とこういうのはラージ・ビジネスが有利とは限らないんですね。スモール・ビジネスで十分戦える可能性がある。外食なんかはその典型ですが、宿泊関連でも実は結構、ルールに内外格差があるんですね。そういった分野の企業がこれから海外にどんどん出ていくことを考えると、TPPによるルールの統一を上手に武器にしていくということは、ものすごく大事なテーマだと思います。

菅原 TPP協定に引きつけて考えると、サービス、貿易、投資、政府調達なんかでは、特にベトナムやマレーシアは、大幅な自由化をしている分野があります。残念ながら、かなり年数がかかるものとか、分野によっては一部に限られているというところもありますが、それでもいままでの日本のFTAに比べれば、数段上の自由化を成し遂げているということになります。

　日本のサービス産業も、そういった国々に進出するということが容易になるので、海外ビジネスを視野に入れることができるようになります。海外進出は、めぐりめぐって企業の競争力や生産性の向上をもたらすでしょう。

農産物の国内市場の競争激化とブランド化は有効な輸出促進策

浦田 私は農産物の輸出に関して、日本では非常に矛盾するような政策が取られているという印象を持ちます。政府のTPP関連政策大綱では、「攻めの農林水産業への転換（体質強化対策）」が謳われていますが、一方では重要5品目の保護政策は続いています。

　最も有効な輸出促進政策は、実は輸入自由化です。というのは、輸入が自由化されることによって国内市場の競争が激しくなり、国内市場での販売が難しくなる。そこで、輸出に目を向けざるを得なくなるのです。しかし、いまは農業の保護が続いていますので、輸出を真剣に考える生産者が少ない。このように、いまの農政はアクセルとブレーキを両方踏んでいるようなものです。TPPがこの問題の根本的な解消につながることを期待します。

大田 梅津さん、先ほど、宅急便を通して得た声をダイレクトに吸収して、オールジャパンで旬の農産物が輸出されるようにすべきというお話を伺いましたが、そのためには何が必要ですか。

梅津 いっぱいありますが、日本の細分化された農水産品が海外に出たときに、消費者がそれをどう取り入れるかということをきっちりと担保しなければいけないのではないかと思っています。実例を上げると、海外のデパートがよく日本の農水産品フェアをやりますが、たとえば、イチゴと言っても日本の場合たくさんの種類があるわけですよ。日本人であれば、8種類、10種類あってもその差はわかるのでしょうけれども、海外の人にはわからないわけですね。「日本のイチゴ」のブランド化を、どういうふうにするかということが非常に重要ではないかと思います。たとえば、ニュージーランドのキウイは、ゼスプリ・インターナショナル社が生産・販売していますが、国の研究機関が土壌づくり、品質改良、生産技術などを研究・支援して、ナショナルポリシーとしてブランド化しています。こうしたことも参考になります。

　ヤマト運輸は、香港でeコマースを使って、急送便産直モデルをやっているのですが、始めたら途端にお隣の国のイチゴが出てきました。どうやってオリジ

ンをきちんと担保するか。地理的表示保護制度は、非常に良い制度ですから、これを国には、きちんとやってもらいたいと思っています。

官民が意見を出し合うメカニズムが必要

大田 農産物だけではなくて、たとえば、海外での流通、レストラン、ホテルなどいろいろなサービスの場で得られたアジアの国の現場の声がうまく国内に反映されてくると、インバウンド消費の質の向上にもつながっていくわけですね。

　いまのお話でいくと、政府だけが何かをするとか、民間だけで何かをするというわけでもない。何かがいりますね、官、民双方の何かが。

菅原 問題点がさまざまあって、それをどう吸い上げて実際に政策に落とし込んでいくか、というメカニズムが国内にはあると思います。しかし、通商の場面でそういったメカニズムが十分に整備されているかというと、他の先進国などに比べて、日本はまだまだなのかもしれません。これは単に産業ということだけではなくて、労働者とか、消費者とかも含めて、さまざまな利害関係者の声を政府に届けるという仕組みが必要だと思います。

浦田 たとえば、産業構造審議会などさまざまな審議会がありますが、以前に比べると、どうも活発ではないように思います。以前は頻繁に審議会が行われ、いろいろな分野の人々の声を吸い上げる。利害関係者もいれば、利害がほとんど関係ない人たちも呼ばれて、意見を述べる機会があったように思います。なぜかそういう機会が少なくなっている。

　それから私も少し関わりましたが、TPPの交渉がうまくいった理由の一つに、日本の交渉体制が、いままでのFTAとは違ってしっかりしたものだったということがあります。TPP担当国務大臣が任命され、TPP政府対策本部が設置され、日本政府が一体化されたわけです。それ以前のFTAや現在の日中韓FTA、日EU・EPAも、交渉のプロセスで複数の省が出てきて違った意見を述べるわけです。オール日本という形での交渉が行われていない。そういう組織的な問題が

大きいのではないかと私は思います。

> 経済成長フォーラムコアメンバー　冨山 和彦
>
> ① TPP域内のルールの統一化や調和を、TPPのプラットホームで行うのが効率的。そこで共通の基準がつくられれば、日本国内の規制改革のスピードも速まる
> ② TPPにより環太平洋のサービス産業のルールの統一化が進めば、中小企業やベンチャー企業に大きなビジネス・チャンスが生まれる
> ③ TPPはグローバリゼーションの枠組みであるとともに、イノベーションの枠組みでもあるが、これからのイノベーションはオープン・イノベーションであるべきである

TPPは中小企業に大きなメリット

大田　それでは、中小企業を含めて企業がTPPをどう活かしていくかという論点に議論を進めていきたいと思います。

冨山　既に議論されたことと、かぶるかもしれませんが、基本的にこういう協定は、「守り」で考えるか「攻め」で考えるかで、随分景色が変わります。守りで考えると「ここはまずいから、こう守ろうぜ」ということになるし、攻めで考えると「この強い人たちは世界中でいっぱ

い稼げるから、稼がしちゃおうぜ」ということになるわけですが、結論から言うと、いまの日本の労働市場の状況や経済政策上の本質的な課題をみると、日本はあまり守るべきものはないと私は思っています。

人手が足りない社会になっていて、賃金が上がらないと言っているのですから、生産性の高い産業、あるいは、企業に労働や雇用を移していくことをきちんとやっていけば、経済全体の成長につながるわけです。農業もそうですし、中小企業もそうです。中小企業だからかわいそうではなくて、中小企業でもちゃんと高い賃金を払える、あるいは、高い生産性の会社を応援して世界で活躍してもらえばいいし、そうではない企業には穏やかに退出してもらえばいいわけです。労働者が、いわゆるブラック企業から解放されて、ホワイト企業に移っていく分には誰も困りません。その観点から、私がTPPについて思っていることを幾つか問題意識として共有したいと思います。

　特に私が大事だと思っているのは、既に出ていますが、包括的ルールです。ルール・コンバージェンス（ルーツの統一化）、ルール・ハーモナイゼーション（ルールの調和）をTPP域内でやっていくということになるわけですが、既に幾つかのもの、たとえば著作権法とかは、国内の法改正をやらなければいけなくなっています。これはこれで終わりではなくて、次から次へといろいろな課題がTPPを運営する中で出てくると思います。

　先ほどそういったものを議論していくうえで、プラットホームが必要という話がありましたが、私は国内だけでそれをやるのは、あまり生産的ではないと思っています。Airbnb[29]に対する議論もそうですが、下手に国内だけで「オールジャパンで」といって議論を始めると、実現に100年かかるんですよ、この国は。いろいろな人が出てきて、各々の立場をかざして調整をやるんです。意見が違うに決まっているのだから、まとまらないわけです。足して3で割るみたいな訳が分からない結論を出して、結局、何も全然、実社会・実経済に貢献しない妥協案になるのが関の山です。

　私はバス会社を経営していますが、交通や輸送分野でTPPに関係するイシューは結構あります。たとえば、第2種大型免許の問題。国際的に共通の免許をつくっていくのか、つくっていかないのかという話が当然出てきます。たぶん、そういうことをやらないと、日本では運転手が足りなくなり、倒産する企業が出てきます。過当競争ではなく、運転手不足で企業倒産が起きてしまい

29：自宅などを宿泊施設として提供するインターネット上のサービス及び、このサービスを提供する米国の会社。

ます。これを防ごうと思うと、日本国籍でない人でも、日本できちんと安全を担保して運転してもらえるようにするということを真面目に考えなければいけないという話になるわけです。

こういったルール・コンバージェンスの議論というのは、むしろTPPのプラットホームで議論してもらったほうが話が早いのではないかと思っています。国内だと、バス会社の間でも有利に働く人と不利に働く人が出てくるので、必ず反対が出てくるんです。バス業界とトラック業界とでも、意見は分かれます。こんな格好で調整をやっていると、どんどん時代遅れになっていく。最近、自動運転など新しい技術が話題になっていますが、変化のスピードに追いつけず、どんどん取り残されてしまうわけです。

ですから、むしろTPPの事務局に主導してもらったほうがいい。EUもEU委員会でやっていますが、そういう国際的なプラットホームをつくり、そこでアジェンダを提示してもらい、TPP域内で共通のサービスが受けられるようにする、あるいは共通の基準をつくる。そういった仕組みができると、日本国内の規制改革のスピードも速くなるのではないかと思います。

当然のことながら、日本が先に産み出したイノベーションからやっていくのが良いのですが、残念ながらUber[30]とか、Airbnbは海外に先にやられちゃっているわけです。そういうものについても早めに日本でもできるように整備をすれば、日本の国内に対抗できる事業者が出てきてもおかしくないんです。なぜかみんな彼らにやられると思っていますが、そんなことはありません。ああいうサービス産業は極めて地域密着型ですから。たとえば、物流業でもDHL[31]が世界中を席巻すると思われていましたけど、そんなことにはなっていないわけです。むしろ日本企業が持っている緻密さであるとか、あるいは持続的な改善が成し遂げられる力とかを梃子にしていくと、サービス産業は日本から強い業態が出るタイプの産業領域になると思います。

30：米国のウーバー・テクノロジーズが運営する、自動車配車ウェブサイト及び配車アプリ。
31：ドイツの航空機を主体とした国際宅配便、運輸、ロジスティクスサービスを扱う国際輸送物流会社。

TPPのルール統一化の事務局を日本へ

冨山 そういうふうに「攻め」で考える。ルール・コンバージェンス、ルール・ハーモナイゼーションのプラットホームをうまく利用していく。少し野心的なことを言うと、本当はその事務局を日本で取れるといいですよね。東京でも京都でも、どこでもいいですけど日本に持ってくる。そうすると、一番やらなければいけない立場に日本はなります。保守的だと「日本に事務局なんかやらせてやらない」と参加国から言われるわけです。このルール・コンバージェンスに関する事務局を日本に持ってきて、米国を含めた環太平洋のもろもろのサービス産業のルールづくりを行う。これは素晴らしいことになります。

繰り返し申し上げますが、こういった産業領域においては、むしろ中小企業とかベンチャー企業にすごくチャンスがあります。大量生産を行う製造業は資本集約型産業ですから、どうしても大企業が有利になっていきますが、サービス産業やIoT[32]やAI[33]などを活用する産業というのは、知識集約的であり、知恵とかアイデア、発想力、機動力がすごくものを言う産業領域です。だから、GoogleがIBMに勝てるわけです。日本は、こういった中小企業の数が圧倒的に多いですし、GDPや雇用の面でも日本を支えているのは、実は中小企業なわけです。特に地域の中小企業、これは地方創生にも関連するのですが、こういった産業群が現在のIoTやAIという新しい産業革命の流れをきちんと掴んで、世界の中で稼げるような力をつけられるようにすることが必要で、そのための仕組みとして、ルール・コンバージェンスを行う機能を国内に引っ張ってくるというのはすごく大事なことではないかと思っています。

オープン・イノベーションを実践する国に

冨山 TPPは、ある種のグローバリゼーションの枠組みですが、同時に「第4次産業革命」と言われている、ある種のイノベーションの枠組みでもあると思うんです。IoTやAIの流れは、コンピューター産業やIT産業だけではなくて、全

32：Internet of Things：さまざまな「モノ（物）」がインターネットに接続され、情報交換することにより相互に制御する仕組み。
33：Artificial Intelligence：人工知能。

産業を覆おうとしています。私どものバス業界や物流業界も例外ではなくて、実はわれわれもヤマト運輸と協力して一緒に何とかこの新しい流れをつかもうとしています。

　大事なことは、オープン・イノベーション。産業と産業の境目や産官学の境目を取り払いオープン化することです。役所の中のたこつぼ、企業の中のたこつぼ、企業別のたこつぼ、大学別のたこつぼ、学科別のたこつぼ、いまこの国は、たこつぼだらけになっているわけです。こういうことをやっていると、当然のことながら、びっくりするようなイノベーションは出てきません。私のバス会社はいま、ヤマト運輸さんとコラボレーションしていますが、開けた会社であるヤマト運輸さんだからできるわけです。日本では、普通、中小企業と大企業がコラボレーションすることは簡単ではありません。本当は大企業と中小企業の間で、そういうことがどんどん起きていったらいいわけです。

　その観点で言うと、恐らく日本はアジアでも有数の「閉じた国」です。国内の社会構造が非常に閉じています。この閉じている構造を打ち破っていく必要があります。いろいろなことがあって、最も閉じていたはずの農業がいまは逆に一番先行する形になっていますが、農業がよどんでいるのと同じように、いろいろな産業がよどんでいます。だから自動車会社の不祥事とか、汚職事件とかが起きてしまうわけです。そういったよどみを解消し、もっとダイナミックに開かれた形にして、人や技術、あるいはアイデアが国境を越えて行ったり来たりできるようにする。アジアの中で最も開かれた、最も自由に、誰もが安全に安心に交流できる。あるいは情報を交流し、いろいろな発想ができる場所に日本がなっていければ良いと思います。

　こういう観点では、いまはシンガポールが一人勝ちという感じがあるのですが、自由な交流を支える社会基盤があるからです。シンガポールは、アジアの中のコモンローの国のチャンピオンで、法律とその運用がしっかりしています。しかし、そういった面では、日本も負けていない。実定法でやっている国の中で、恐らく日本は最も透明で、安定した法運用ができている国です。そういった意味でも、日本は魅力的な場所です。TPPを梃子にして、そういったも

のを大いに活用して、アジアの人々との交流を活発にすべきです。アジア中から優秀な人たちが日本に来てくれれば、当然、日本の知識産業の生産性や革新性は上がるはずです。TPPを梃子にして、そんなことも一気に進められたらすばらしいなと思っています。

大田 ありがとうございます。TPPの事務局を日本に誘致しようというのは、今回の提言の中にも書かれています。

菅原 三点、申し上げたいと思います。

一点目は、政府も強く言っていますが、TPPは中小企業にこそメリットがあるものだと考えています。ちょっと乱暴な言い方をすれば、グローバルに展開する大企業というのは、TPPがあろうがなかろうが、もうグローバルに展開していますし、今後もしていけます。相手国に障壁があっても、その障壁を乗り越えるだけの資本力や人材もあります。ところが、中小企業はなかなかそういったことができない。今回、TPPによってできる共通ルールをうまく活用して、障壁を越えることができるようになるのは、むしろ中小企業だろうと思います。

二点目は、こうした形で中小企業が外に出ていくことになってくると、必然的に競争が起きます。俗な言い方をすれば、勝ち組と負け組というのが生まれる。負け組がブラック企業ばかりであれば良いのですが、必ずしもそうではないかもしれません。そういった場合、米国など多くの国では、貿易調整支援制度[34]のようなものをつくり、たとえば職業訓練を行うなどの取り組みを通し、貿易や投資が自由化されることによって不利益を被る人たちに対処しています。ある種のセーフティーネットですが、日本の場合、貿易とか通商に特化した形でのそうした制度というのはまだありません。中小企業の方々にTPPを存分に活用していただくには、そういった雇用の流動性への対応も重要になってくるわけで、セーフティーネットを用意しておくことが必要だろうと思います。

三点目は、TPPの一つの売りはリビング・アグリーメント、「生きている協定」ということです。「生きている協定」とは、参加国が増えていくという意味で使われることが多いですが、それだけではなく、時代の状況に合わせてルールを

34：Trade Adjustment Assistance Program：米国のTAA制度。米国通商法に基づき輸入増加の影響を受けた国内企業、雇用者を支援するプログラム。新たな産業構造への適応を促進することを目的として政府給付が実施される。　出典：WSJ日本版。

更新していくという意味もあります。いまのところ、12か国でTPP委員会というのがつくられるということが協定に書かれているのですが、この委員会をサポートする事務局が果たしてつくられるのかどうかというのは、まだ決まっていません。これからの議論になります。もしつくられるのであれば、やはり地理的にいっても非常に良い位置にいるのが日本です。この事務局を日本に持ってきて、そうした新たなルールづくり、基準・規格づくりなどで日本がハブとなり、けん引役となるということが重要になっていくのではないかと考えています。

浦田 私は二点、お話ししたいと思います。一点目は、ネットワークの利益、他の企業との関わりや取引が、その企業の生産性向上にとても重要だということです。

私の同僚で戸堂教授[35]という人が非常に面白い研究を行っています。彼は、企業と取引先の位置関係に着目し、「近隣の企業と取引している企業」「遠くの企業と取引している企業」の2種類の企業の生産性の違いを計測したのですね。彼の計測結果だと、「遠くの企業と取引している企業」のほうが生産性が高い。彼が言うには、近隣の企業と取引している企業は、集積の効果を利用しているということではあるけれども、同じような考えを持った企業が集まりやすくなってしまう。それに対して、遠くにいる企業と取引している企業は、いろいろ違ったアイデアを持っている企業と付き合うことができるということもあって、生産性の向上に貢献するような情報を手に入れることができるということでした。それが正しければ、TPPによって、日本企業、特に中小企業が、他の12か国の企業とそういうような付き合いができるようになることは、とても好ましいことだと思います。

二点目は、新陳代謝を活性化する貿易調整支援です。農業の話について、農業分野を開放しないで農業の競争力を上げようというのが日本の政策だという話がありましたが、日本の産業政策にも同じことが言えると思います。つまり、まず競争力をつけて、競争力がついたならば開放する。そうすると、確かに被害は最小に抑えられると思うのですね。しかし、重要なのは、冨山さんも

35：早稲田大学政治経済学術院教授 戸堂 康之氏。

おっしゃったように新陳代謝の活性化です。いまのような政策を続けていると、新陳代謝は起きないわけですよ。それがいけないわけで、まず自由化をする。自由化をすれば、被害は避けられないと思いますが、その被害を最小にするのが重要であって、その一つの手段が、菅原さんが言った貿易調整支援というプログラムです。ぜひ政府には、新陳代謝を活性化するための貿易調整支援プログラムを考えていただきたいと思います。

梅津　先ほどの安全と日本の技術というところで、考えていることがあります。日本の宅配便のマーケットは、大体、年間39億個です。私どものマーケットシェアは約46％、1日おおよそ500万個ぐらいを預からせていただきます。お届けするための走行距離が1日で地球60周回分あります。

　日本がすごいのは、他社も同じですが、そのすべてをトレースできているということです。宅急便の伝票番号がありますよね。あれの裏に走っているシステムには膨大な情報があります。「どこからどこに行った」という距離も、すぐ出るわけです。郵便番号を使っているわけですが、実は中国は郵便番号がありません。マレーシアは郵便番号がありますが、2種類あるのです。そうした社会環境の整備に差があるのがアジアの実情です。

　その中でいま、私どもがやろうとしているのは、事故を起こさないようにすることです。AIを使って事故予兆ができないかなと考えています。自動車産業界と運輸業界とが協力して検討しています。そのとき、やはり基本的なデータを取得するうえで重要なのが郵便番号です。アジアでの郵便番号の整備が、自動車運転における安全走行にも関係してくると考えると、より重要性が増してくるのではないかと思います。

4 農業はTPPをどう活かすのか

(株)ファーム・アライアンス・マネジメント 代表取締役　松本 武

①日本は、農産物や食品に関する客観的な安全性を担保する意識が希薄である
②世界では、GFSI（食品安全委員会）の農産物や食品に関する安全性の国際認証を取得することが常識となっている
③せっかくTPPで、日本から輸出する農産物や食品に関して、締約国の輸出先の関税が撤廃あるいは引下げられても、客観的な安全のエビデンスがないものは売れないという結果になりかねない

遅れている日本の農産物・食品の国際認証取得

大田　個別分野の最後になりますが、農業について、松本さんに口火を切っていただきます。

松本　TPPの議論の中で農業は非常に脆弱であるということで、いろいろな壁にぶち当たっているかのように思われていますが、TPPの前提条件として、このまま突っ込んでいくと極めて危険な別の課題領域があるということを、皆さんにお話したいと思います。

　日本の食品及び農産物は非常に安全というイメージがありますが、G7の食品安全のプロフェッショナルの皆さんから言わせると、最もレベルが低いのが日本です。というのは、客観的な安全性の担保になるエビデンスが存在しないからです。実は、農産物、食品に関しては、国際的な安全評価の枠組みが既に決まっています。世界的な流通大手企業や食品加工メーカーで構成されている

GFSI[36]（食品安全委員会）という組織があり、この組織が食の安全はかくあるべきという哲学、または定義を提示し、それにマッチした国際認証規格を承認しています。その認証規格を取得した事業者に対してワールド・パスポートとして、その認証を提示すれば世界に打って出ることが可能となります。具体的には次の九つの認証規格です。

　主に農産物分野では、①グローバルGAP[37]（農産物の規格では世界で普及。小規模から大規模までカバー）、②SQF（大規模農場が中心。オセアニア、米国で普及）、③カナダGAP（カナダ国内で普及した規格）、そして④プリマスGFS（北米を中心に普及）があります。加工食品分野では、⑤FSSC22000（国内では最も普及した規格。発祥はオランダ）、⑥IFS（ドイツなどで普及）、⑦BRC（英国を中心に普及）、そして⑧GRMS（欧州の食肉用規格）があります。そして、水産養殖分野の⑨グローバル・アクアカルチャー・アライアンス（水産・養殖分野に特化した国際規格）があります。

　まず、農産物に関する四つを見ると、日本はGFSIに承認された規格が存在しません。農林水産省では輸出用GAP[38]をつくろうとしているようですが、GFSIが承認する保証はありません。日本は大きく遅れを取っています。

　GFSIが、国際認証規格に対して要求している条件は、大きく分けると三つだけです。

　一つ目は農林水産物・食品の生産において、HACCP[39]的な衛生管理を行うこと。いわゆる異物混入、食中毒、残留農薬といった問題を起こさないこと。二つ目は、きちんとした品質が維持できるISO9001[40]的な要素があること。そして三つ目が、フードディフェンスがしっかりしていることです。日本の農産物や食品の分野で、最も弱いのがこの三つ目の部分です。フードディフェンスというのは、たとえば、ギョーザに農薬を混入した事件がありましたが、ブラック企業などでよく起こり得る、内部犯行など犯罪的行為への対応のことです。このようなことが起きないよう担保するのが、フードディフェンスです。いま、食品産業においては、ブラック企業は極めて取引するのには危険な相手だというのが国際的な流れになっています。

36：Global Food Safety Initiative
37：Good Agriculture Practice（農業生産工程管理）の略。農業生産活動を行ううえで必要な関係法令などの内容に則して定められる点検項目に沿って、農業生産活動の各工程の正確な実施、記録、点検及び評価を行うことによる持続的な改善活動のこと。　　出典：農林水産省ガイドライン。
38：JGAP：日本型GAP。

表2

■GFSIによる国際認証の枠組み

分類コード	セクター	
AⅠ	動物の生産	→ 畜産（牛/豚/鶏）、酪農
AⅡ	魚介類の生産	→ 水産養殖
BⅠ	植物の生産	→ 野菜、果物
BⅡ	穀類・豆類の生産	→ 穀類（米/麦/大豆）、飼料（トウモロコシ）
C	動物の処理	→ 屠畜
D	植物性食品の前処理	→ 選果・選別
EⅠ	動物性要冷蔵生鮮食品の処理	→ 食肉加工
EⅡ	植物性要冷蔵生鮮食品の処理	→ 農産物のパッケージング
EⅢ	動・植物性要冷蔵生鮮食品（混合製品）の処理	→ 食品加工
EⅣ	常温保存性食品の処理	→ 食品加工
F	飼料の製造	→ 飼料の製造工程
J	保管および配送サービスの提供	→ 保管、農産物配送、カントリー
L	化学物質・生化学物質の製造	→ 肥料、農薬
M	食品包装の製造	→ 包装資材の製造

G	ケータリング	→ 例）航空機内食
H	小売・卸売	→ 例）スーパーマーケット、野菜果物卸
I	食品安全サービスの提供	
K	加工設備製造	→ 例）食品加工用機械
N	食品ブローカー代理店	

AⅠ～M（太枠）は、既に国際認証規格で、安全管理が求められている分野
G～Nは、今後国際認証規格化が施される分野

出典：GFSI資料より抜粋

　表2は、GFSIがどのセクターまで国際認証の枠組みを持っているかを示したものです。畜産、酪農、水産・養殖、野菜・果物、さらには穀類、穀物飼料など、いろいろな分野に広がっています。今後はケータリング、流通の小売り現場などにも国際規格が出てきます。

　日本はこういった分野で非常に遅れております。この中で、たとえばケータリング。機内食や飲食関係ですが、こういったことでもフードテロを起こすことができます。性善説に立って食品安全を考えていると、大きな事故に遭う。取引をするときに、やはりそういったのは排除していかないといけないというのが世界的な流れです。

　食品事故に関する欧米の流通の考え方と日本の流通の考え方の違いは、炎上するポイントの違いに現れます。どういうことかというと、たとえば、農産物。

39：Hazard Analysis and Critical Control Point（危害要因分析・重要管理点）の略。原料受入から最終製品までの各工程で、微生物による汚染、金属の混入などの危害の要因を予測（危害要因分析：Hazard Analysis）したうえで、危害の防止につながる特に重要な工程（重要管理点：Critical Control Point）を継続的に監視・記録する工程管理のシステム。　出典：農林水産省『平成27年度食料・農業・農村の動向』。
40：ISO（国際標準化機構：International Organization for Standardization）による品質マネジメントシステムに関する規格であるISO9000シリーズの中核的な規格。

■ 表3

■世界の流通事業者の売上高ベスト10（2012年）

	Rank	Company	Country of Origin	Retail Revenue (Million $)
●	1	ウォルマート	米国	446,950
●	2	カルフール	フランス	113,198
●	3	テスコ	英国	101,574
●	4	メトロ	ドイツ	92,905
●	5	クローガー	米国	90,374
●	6	コストコ	米国	88,915
●	7	シュワルツ	ドイツ	87,841
●	8	アルディ	ドイツ	73,375
	9	ウォルグリーン	米国	72,184
	10	ホームデポ	米国	70,395

●：GFSIに準拠した国際規格を要求、もしくは優先取引を実行している小売
※9位のウォルグリーン、10位のホームデポは、食品や農産物の取り扱いはほとんど行なっていない流通事業者

2012 NRF Ranking

　生産者が生産し、農協や産地のブローカーが出荷して、一部は加工食品の原料になり、一部はスーパーマーケットの店頭に青果として流れてくる。それを消費者が買う。日本で食品事故が起こると、大体、つくったやつが悪い。納入したやつが悪いということで、トカゲのしっぽ切りの形になります。ところが、欧米は違います。欧米は、「仕入れたやつの目はどういう目でこれを選んだのか」を問うわけです。販売者責任というのが極めて強く求められます。ですから欧米では、仕入れる商品に関して、安全管理がきっちりされていることを条件としており、それが世界的な流れとなっています。

　食品安全の考え方は、いままでは川上から川下までそれぞれのセクターが応分の責任を負い、それぞれが安全管理をしておけば良かったわけですが、いまは、農産物を販売している人は、生産や食品加工のプロセスでどういう事故が起こり得るかをリスク評価しながら安全管理をする時代になりました。川上から川下まで、一気通貫、同じ哲学で安全管理をやろうというように考え方が変わったのです。世界の流通大手は、すべてこの考え方です（表3）。では、日本のスーパーはどうでしょうか。ほとんどこういうことは要求していません。だ

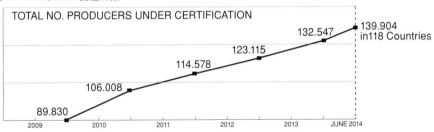

■ 図3

■ グローバルGAPの認証軒数

※G-GAPと同等評価のナショナル（ローカル）GAPや他のGFSI承認規格などは含まない。
※グローバルGAPの認証軒数のうち、アジアでは1万軒強の農家が認証取得。日本はこの調査時点で200軒強（2015年GLOBALG.A.P.年次レポートより）。

から、ある意味、日本の消費者は客観的な安全管理をされた農産物、食品を食べていないというのが実態です。

　農産物の国際認証として一番認証件数が多い規格が、グローバルGAPです。いま、どんどん増えており、2014年の段階で世界で14万経営体が取得をしています（図3）。もともとヨーロッパでスタートしましたが、アジアでも約10％が取得しています。ところが、日本で取得しているのはたった0.15％。日本は、農産物の安全管理においては、アジア各国の後塵を拝しているというのが実態です。

　TPP参加国の中で、米国、カナダ、チリ、オーストラリア、ニュージーランドなどいわゆる農業大国と言われるような国々は、農産物の国際認証の考え方が深く浸透してきております。新興国でも、メキシコ、ペルー、ベトナム、マレーシアなど猛烈なスピードで、この国際認証取得を進めてきております。残念ながら、わが国日本と、農業生産がほとんどないブルネイ、シンガポールなどでは、こういった規格に関してはあまり取り組めていないというのが実態です。

農水省は、「こんな難しいものは、日本の農家には無理だ」と言います。裏返すと、日本の農家はバカだと言っているようなものです。発展途上国の農家ができることがなぜ日本でできないのでしょうか。最初から「できない」と言っている間は、絶対にできません。今年1月、われわれにとっては非常に大きいニュースですが、農業高校の高校生が国際認証を取りました。高校生でできることが、プロの農家でできないということはないわけです。

　日本の食品はイメージでは安全ですが、客観的な評価を受けていない。非常に危険性が伴っています。もし、輸出した海外で日本の食品が事故を起こしたとき、どうするのでしょうか。大変な汚名を着せられるし、リコールなど対処の問題もあります。しかし、そういったことはほとんど理解されずに、いま輸出することだけがどんどん進んでいっているということに、私は非常に危惧の念を抱いております。

農産物・食品の輸出拡大に向けたインテリジェンスの構築を

松本　日本の農家は海外に勝てないということを、いろいろな方がおっしゃいます。私は2012年に、グローバルGAPに関するコンペティションで賞を頂きました。このときに海外の農家ともいろいろ話をしましたが、全然負けている気はしません。日本の農業は十分、勝てます。そういった意味では、何かちゃんとした本質の情報が足りていない。本質的な情報を持っていないで事に挑むと、非常に危険なのではないかと思っています。

　私は、農業としてもTPPに可能性を感じています。政府は「輸出1兆円」と言っていますが、10兆円だって不可能ではないと思っています。いま、日本に足りない、備えるべき課題ということでは、特に農産物輸出をするならば、それに向けて長けたインテリジェンスをつくらないと駄目です。輸出のノウハウもないし、輸出においてのマーケティング・リサーチもできていない。非常にお寒い状況であります。さまざまな交付金を使って調査事業をやっているけれども、なかなか芽が出ない。こういったことがあるのではないかと感じてい

大田 「農産物輸出に長けたインテリジェンスの構築」というところをもう少しお話しいただけますか。

松本 いろいろな農産物輸出について、全体を包括的に分析して、戦略、戦術を考えることが必要なんですが、現状はというと、ルールに詳しい人、物流に詳しい人、マーケットに詳しい人などが縦割れになっていて全く横に情報がつながらない。これを改めるために、農業版のMI6[41]のような組織をつくることが必要だと思っています。そうしないと、なかなか数を射っても当たらないのではないでしょうか。

クロスボーダーでトップレベルの人を集めたプラットホームでルールづくりを

冨山 まさにそのとおりだと思います。先ほどの交通機関の規格の話もそうですが、こういうものは既存の業界団体の意見を聞いて議論を行なっていると、結論がその業界団体の最低限のレベルに落ちていってしまうのですよ。松本さんのところはトップレベルのことをやっておられる。その最高レベルのところに合わせて、どうするかを決めることが大事です。そのためには、エリートチームになってしまう恐れはありますが、業界トップをいく人たちが集まり、トップレベルのスタンダードに合わせて、いろいろな政策を考え、作戦を考えて、決めるのが良い。

もちろん、そのレベルについていけない企業の中にはつぶれるところも出てくるでしょう。しかし、私はあるスーパーの再建をやったからわかりますが、あるスーパーがつぶれたからといって、そこに働く人たちがつぶれるわけではありません。むしろ、そういう経営が芳しくないところで働いていた人たちが、他の立派に経営できている経営者のもとで働けるようになる。そのことが大事なんです。

もう一点、インテリジェンスという観点でいうと、私がいまやっているIoT、

41：英国の情報機関。国外での情報活動を主な任務とする。出典：『ブリタニカ国際大百科事典小項目辞典』。

AIという分野でも同じ問題があります。IoT、AIが世界的に普及していく中で必ず「スタンダードをつくる」という話が出てくるわけです。たとえば、AIだったらモラル・スタンダードはどうするかという問題が必ず出てくるのですね。こういった議論をするときに、また縦割りで、最低レベルに合わせた議論をしていると最低の結論にしかならない。

　TPPも同じで、ルールづくりは縦割りを排除して、なおかつ、農業だけでなく関連のトップレベルの人たちがクロスボーダーで集まって作戦を考え、前に進める。そういう体制の土台となるプラットホームをつくって進めなければなりません。政府がプラットホームをつくらなければ、民間でもかまわないので、どこかにちゃんとつくって物事を進めていく。トップダウンでやっていくしかない。そうしないと、ルールがすごく日本に不利な内容で決まってしまう。たとえば、データをたくさん持っているGoogleなどに、非常に有利なルールをつくられることになってしまうわけです。TPPだけでなく、僕はいろいろな分野で同じような問題が今後、起こるような気がしています。

大田　業界に横串を刺してハイレベルの意思決定を行うプラットホーム、というのが先ほどから出てきています。これをどうつくるかが一つのポイントですね。

菅原　TPPの条文に引き寄せて言うと、先ほどから、日本の農林水産物の輸出、加工食品の輸出を増やしていこうという議論をしているわけですけれども、確かにTPPによって、相手国の農産物や加工食品の関税は下がります。それから、税関手続・貿易円滑化というチャプターがあって、先ほど梅津さんからご指摘がありましたけれども、通関も普通だったら48時間以内になり、産品の到着がかなり短縮されることが期待されています。そのほか、eコマースで売る機会が増えたり、衛生植物検疫措置の規定により風評被害みたいなものを防ぐ効果も大きく、知的財産の分野では、GIを使って日本の付加価値の高いものを売っていくということもしやすくなります。

　ここまで制度が整っていながらも、先ほどの松本さんのお話ですと、国際認証を取っていない農産物は輸入されないということになってしまい、TPPでの

農産物輸出拡大というメリットが、絵に描いた餅に終わってしまう危険性があるわけです。これはやはり大きな問題ですので、JGAPの議論にとどまらず、官民を挙げてTPPをうまく活用していくにはどうしたらよいか、真剣な議論を深めていっていただきたいと思います。

冨山 いまの話を伺っていて、国際会計基準の話を思い出しました。国際会計基準IFRS[42]が入ってくるときに、「IFRSが入ってきたら日本の企業は全部つぶれる」と言う人たちがいました。つい最近までいたのです。それに対して、政府の方で「JFRS（日本型財務報告基準）なるものをつくらなければいけない。これで対抗すべきだ」と言って、官民で協力して多くの時間とエネルギーを使ってつくったのですね。ところが、いまのところJFRSの採用は0です。

私は、あるグローバル企業の役員を10年やっておりますが、何も困りません。IFRSが普及したからといって、その企業の経営が0.1ミリたりとも影響を受けておりません。農産物の基準認証についても同様で、黙っていまの国際的な基準にコンプライすれば良いと思います。

大田 何かというと日本型とか、日本版というのが出てくるんですよね。

梅津さん、クロスボーダーが増えれば増えるほど、安全ということに対して新たな視点からの評価が加わる、新たな視点が求められるという点で、先ほどのお話も共通していたと思うのですが、松本さんのお話をどう聴かれましたでしょうか。

梅津 ある意味、ショックでした。では、物流業界として何が求められるかということに対しては、やはりサプライチェーンでも、調達からお届けまでの部分、AからBへの輸送の全てのフローを可視化することではないか。特に、可視化の方法、どういうふうに外に情報を客観的に出せるかというところでご協力できるかのではないかと思います。

たとえば、クール宅急便は1988年からやっているのですけれども、いま、私どもでは、この日本のコールドチェーンを国際基準化しようということで動き始めています。政府と組んで来年の初頭にはその指針を出させていただくのですけれども、やはりそういうものがあって、初めて生産者の方はつくられたも

42：International Financial Reporting Standards：国際財務報告基準。

のが、どこにどういう手順で届けられるかがわかります。そうしたトレーサビリティーをきっちりしなければいけない。これに関しては、官民一体でやらなければいけないことだと思います。この点でも、特にクロスボーダーで基準を決めるということが重要になると思います。

改革には政治のリーダーシップが必要

浦田 皆さんのおっしゃっていることには賛成なのですが、たとえば、非常に重要な政策を実施するときにはやはり抵抗があって、なかなかできない。議論ばかりしていて前に進まないということが起こります。そこは、やはり政治家が一つ決断しなければいけないと思います。

たとえば、対内直接投資を活性化すること、促進することによって、誰が利益を得るかというと、やはり一番利益を得るのは消費者だと思うのですね。しかし、消費者の声というのはなかなか聞こえてこなくて、産業界の声が聞こえてくる。産業界は、一応、表面的には「対内直接投資は歓迎だ」という声を発したとしても、実は対内直接投資は来てもらいたくないというのが本音だと思うのですね。ですから、そういう状況の中で、対内直接投資を促進するには、やはり政治、あるいはTPPのような外圧を使ってうまく進めていくというのが一つの方法です。

ただ、そうは言っても、また貿易調整支援の話に戻るのですけれども、被害が出た場合には、その被害を最小にするようなソーシャル・セーフティーネットはつくるべきだと思います。重要なのは、それを恒常的に使うのではなくて、時間を限定して、たとえば3か月、あるいは6か月というようなルールを決めて、その被害に遭った人々を救済する。そういう制度を構築したうえで、重要な政策、重要な改革を進めていくということが必要だと私は思います。

農産物の国際的な基準を活用して輸出拡大を

松本 スーパーマーケットとか、加工食品メーカーは仕入れている内容を全部、1回調べて、その結果をもっと表に出すべきだと思いますね。トレーサビリティーなんか、日本では牛肉の問題以来、あまり議論されていません。もう何か忘れてしまったよ、みたいな感じになっていますね。けれど、海外では逆でいま、トレーサビリティーの技術競争が花盛りの状態です。

地理的表示制度を議論するときに、トレーサビリティーというのは非常に重要な要素です。いまではある程度、そういった物事を動かすパーツはそろってきている。流通側では、国際流通と同じようなスタンスで、農産物の安全管理のあり方をスタンダードに合わせてやっていくようになれば、間違いなく日本の農家もそれをやらざるを得なくなる。そうしたら、すぐ海外に打って出ることができる。そういう形に持っていくのが一番早いのではないかと思います。

良質で多様な労働力の活用で競争力強化を

大田 日本企業が自らやるべき「内なる改革」という点について何かコメントはありますか。

冨山 これは比較的シンプルで、バブルが崩壊してから20年強、人手がずっと余っていた。恒常的な失業圧力が非常に強くて、債務の過剰、設備の過剰、それから雇用の過剰の時代が続いてきました。この時代においては、たとえば相対的に競争力がなくなった会社、あるいは脆弱な中小企業群みたいなところが、政府にいろいろお願いをしてきました。守ってください、お金をちょうだい、あるいは緩い融資をちょうだいということを政府に陳情する代わりに、低賃金かもしれないけど何とか雇用を吸収していくという点で企業の存在意義があったと思います。

その結果として、日本の法人は7割が赤字ですので、それらの法人は法人税を払っていません。バブル崩壊後20年間以上ずっと、過半の法人が赤字法人とし

て存続し続けているのです。その結果、日本の廃業率は5％程度で、欧米の10％程度と比較して約5割[43]でしかありません。こういう摩訶不思議なことが起きているわけです。それは、きっと赤字法人にも何かお金が入ってくる仕組みがあるからそうなっているわけですが、もうそういう段階は終わっているわけです。赤字を出しても雇用を維持し続ける役割は、もう企業にはない。

　いま、企業にとって必要なことは、生産性を上げて良質な雇用をつくること。それこそが、構造的な、少子高齢化による生産年齢人口減少による中で、労働力需要が高まっている中での企業の役割です。要は、企業は競争力を高めて、自らちゃんと黒字になるように稼いで、世界の中で勝っていくことが最大の使命になります。それが良質な雇用を生み出します。

　となれば大事なことは、企業は陳情的なことは一切やめることですね。むしろ自分たちにとって厳しい、世界で戦っていくために必要なスタンダードな規格や基準もそうですが、規制や安全基準などにも積極的にコンプライしていくことです。クリアな世界の基準を受け入れることが、世界に勝てる条件になってきています。

松本　日本は、いままで非常に高品質なものをつくって、世の中に出してきた。企業というのは、基本的に社会が必要とするような企業であれば、一時的に経営が傾いても必ず再生できます。ところが、日本経済にとって必要ないような企業は、当然、退出せざるを得ない。これはたとえば、産業でもそうです。日本の農業が本当に必要ならば、たぶん国民は日本の農産物を食べるというふうなことになると思います。

　それといま、私はもともと企業にいましたから、非常に危惧しているのは、日本の品質の考え方がちょっとおかしな方向に行っているということです。学問的に、たとえば大学に品質学部というのはないのですよね。これを早くつくらないといけません。中小企業も含めて、日本の企業が世界で戦うために、品質の底上げを図ることが急務になっています。したがって、品質の学問領域をちゃんと確立しないといけません。

浦田　企業従業員のダイバーシティの確立ですね。多様性のメリットという

43：出典：中小企業庁資料。

のはたくさんあると思います。アイデアもそうですし、能力もそうです。いま、ダイバーシティを追求する非常に良い環境ができていると思います。TPPもその良い環境の一つです。先ほど私が申しましたように、日本に来ている留学生も企業で活躍できます。彼らの中には、日本で働きたいと考えている人もかなりいます。企業に対しては、ぜひ短期的な視点ではなくて、TPPも含めた長期的な視点に立って、特に人材や雇用の面で多様性を追求してほしいと思います。

梅津　宅急便は労働集約産業ですが、実は労働集約産業でグローバル化した会社は一つもないのです。インテグレーターはシステムを使ってやっていますけれども、日本の企業の特徴である「おもてなし」というサービスをどういうふうにユニバーサル化するかが課題です。そういう意味で、やはり変えてはいけないことと、変えなければいけないことを明確にする時期が来たのではないでしょうか。

菅原　企業がTPPを活用するためには、そのための社内体制が必要です。これまで、一生懸命日本はEPAをつくってきたのですけれども、なかなか利用率は上がっていません。どうしてもEPAとかFTAは難しいということで、特に中小企業、零細企業の方々はなかなか手が伸びないというところがあるようです。

　TPPは、まだいつ発効するか明確なことはわかりません。けれども、アナウンス効果と言いましょうか、こういうEPAとかTPPというものができるときは、できるという話があるだけで必ず影響が現れる。TPPの大筋合意が昨年10月になされた後に、ある小売店に入ったら、もう「TPPフェア」をやっていました。チリや米国の牛肉とかワインを、もう既に安売りしているんです。まだ協定が発効もしていないのに、すごいなと思うのですが、そういった形でもう既にTPPの影響は出始めているというふうに、とらえていただいくことが大切です。いつ発効するかわからないのですが、企業はいまから特に社内での人材育成は進めておくのが良いのではないでしょうか。

　ある大企業は、それまで非常にうまくEPAを使っていたのですが、担当者が異動してしまって、次の担当者がEPAとは何だというところから勉強し直すな

んてことがありました。大企業でもそういうことがある。TPPを使うのには知識もいる。ぜひ、TPPが発効するまでに社内で人材育成など、組織を整備していただきたいと思います。

　できれば、いまあるEPAを使ってみていただきたい。たとえば、いまのEPAは大体が「第三者証明」といって、原産地証明を出すときは商工会議所を通してということになります。一方、TPPでは自己証明になります。自分でつくって出すということになるのですが、いまのEPAで練習してみるのもいいでしょう。

5 参加者の質問に答えて

> **質問1**
> 農業の有識者の中には、「GAPには農家にとってのメリットがない、したがって農家は実行するはずがない」という人がいるが、どう考えるか。

国際規格取得は海外進出の呼び水に

松本 日本ではGAPはいま、県別などで、どんどん細分化[44]されていますけれども、これはただ単に差別化する道具として細分化されてしまっているということです。海外では食の安全は非競争分野ということで、GAPはある程度、集約化される方向になっています。ですので、日本の場合は、都道府県で「うちの県が一番だ」みたいな、そういうことを競い合うということになっており、このこと自体は非常につまらない取り組みだと思います。

GAPをただ単に食の安全、農産物の安全管理という道具だけで使えば、その一つしか効果はないです。私はもともと農業法人の経営もやっていましたけれども、最初は取引優位性というのを重視しましたが、いまは何を重視しているかというと、経営の品質向上です。いわゆるISO9001的な要素というのは、農業分野にこれまでなかった。そういうエッセンスを入れる。いわゆるセルフディフェンスとしてHACCP的な管理をする。いわゆるフードディフェンスの観点から従業員にも優しい会社を目指す。こういうのが、いわゆる経営の品質向上だと思います。農業者で経営感覚がある人は、GAPはやはり経営の品質向上の道具として、非常に使えるということを認識されています。

だから、それを理解できない方が経営がうまくいかないというのだったら、道具をちゃんと使えば良い。そうすれば、経営がうまくいきますよ。人が悪いとかいうのではなくて、まず自分が経営的にGAPだけでなくいろいろな道具が世の中にあるわけですから、ITだってそうだと思いますけれども、やはりそれらの使い方をもっといろいろ工夫しなければなりません。

44：GAPには、都道府県GAP、JAグループGAP、基礎GAP、民間団体のGAPなど多くの種類がある。

それと、ITデータ関連では、私も農業ITシステムを持っています。私の個人的な印象ですけれども、農業ITの分野に大手のシステムメーカーがどんどん参入してきていますが、囲い込みばかりやっていて、実につまらんシステムばかり提供してくれる。私は、日本の大手ITの下請けをやるのだったら、海外のITデータの下請けをやったほうがよっぽど良いと思います。技術を正当に評価してくれると思います。日本のIT産業の中で何かやっている間は、たぶん未来永劫悪夢を見続けるのではないか、農業者ですらそう思っているということを、IT業界の方にまず認識していただいて、反省していただければというふうに思います。

　あと、国際規格を取得することによって、もう一つ効果がありまして、日本の農業者が海外進出を果たすのに強力な呼び水になります。皆さん、いろいろな産業の大きい会社から来られていると思いますが、日本の産業の歴史の中で海外進出を最初に果たしたのは農業です。「移民」という形で、農業は世界に最初に進出しているのです。自動車でもなく、航空会社でもなく、農業が最初に進出したのです。農業はそれだけポテンシャルがある。そこに国際規格のハーモナイゼーションができてくると、日本の農業者のデポを海外につくることだってできるわけです。ですので、農業というのは極めて、TPPを含めて海外に向けて打って出たときには、本当のポテンシャルを発揮するとめちゃくちゃ強い産業であるということをぜひ、この機会にご理解いただきたいと思っています。

> **質問2**
> TPPにより日本の雇用にどういう影響が出るかわからない。TPPを契機に、企業や産業にイノベーションが起こるとすれば、それは基本的には企業の従業員を守る方向に働くべきだと思う。しかし、イノベーションの結果、競争に敗れた企業は市場から退出するという形で、産業が新陳代謝しなければならないこともわかる。ただしその場合、そこで働いていた人が生産性の高い企業に移って働けるようにすることが必要ではないか。

クローズ型とオープン型のイノベーションのコンビネーションを

冨山 まずイノベーションですけど、イノベーションは大まかに二つのパターンがあって、一つはクローズな連続型のイノベーション。もう一つはオープン型の破壊的イノベーションです。わかりやすく言えば、トヨタ自動車がハイブリッド車をつくるまでに至るプロセスが、完全にクローズドで連続的なイノベーションです。

一方、たとえばIBMの牙城をマイクロソフトがひっくり返した、あるいはGoogleが出てきて、世界を変えてしまった。これは完全にオープンで破壊的なイノベーションによるものです。

破壊的イノベーションというのは、基本的には過去の人類の歴史においては、常に新しくて、若くて、小さい会社が興してきました。既存の大企業が起こしたというケースは一切ありません。恐らくこれからIoTだ、AIだという、いわゆるデジタル革命の波が全産業に、これは農業も例外ではありませんが、及んだときに日本に問われることは二つあります。

一つは、既存のビッグプレーヤーであるトヨタのような会社が、このイノベーションの波で殺されないようにすることです。むしろこの波をうまくつかんで、さらに強い会社になるということ。もう一つは、日本からGoogleや、Appleや、そういった会社、かつてのソニーやホンダのような会社が出てくる

かどうか。この二つの問いです。この二つの問いに「イエス」と答えられないと、TPPの果実は手に入りません。あるいは第4次産業革命の果実は手に入りません。誰か他の人に持っていかれます。

　これが他の人に持っていかれると、これはけっこう問題です。というのは、いままでのデジタル革命は、産業領域が限られていました。コンピューター、IT、そしてAV機器までです。他の産業で、壊滅的に構造的に破壊的に変わったということは起きていません。たとえば、自動車産業。大手の顔ぶれは変わっておりません。コンピューター産業でIBMの影が薄くなった、あるいは通信業界でモトローラやルーセントはどこにいってしまったのだろう、というようなことは起きていないわけです。しかしながら、これが全産業に及んでいく可能性があります。クローズ型のイノベーション、オープン型のイノベーションと、そのコンビネーション、これができるような国になっていないと日本は危機です。

　クローズ型のイノベーションに関しては、一つの会社という内部労働市場の中で頑張るというモデルになっています。これに関しては、私は、現状政府は応援しすぎるぐらい応援していると思っています。もっと言ってしまうと、会社がありのままに存在していることに関して、過剰に支えていると思います。だからつぶせと言っているのではなくて、余計なことはやめましょうということを言いたいわけです。たとえば、何度も問題を起こしている自動車会社がいまだに存続しているのはおかしい。私には理解できない。もっと早く再編されないとおかしいです。

　他の産業でもそういう話はいっぱいありました。したがって一番良いのは、雇用を守るという意味で言うと、時期を逸さずにM&Aで再編していくことです、あるいは雇用と同時に。やはり企業体におけるクローズ・イノベーションで生まれた価値は集団に帰属していますから、これが会社がばらばらになってしまって、人が流出していくというのが一番もったいないですね。だから、できるだけ早く再編を進めることが大事になります。

　私自身は企業統治改革にこだわってきました。企業統治改革の一番大事なポ

イントは、赤字になる前に、ROE（自己資本利益率）が2〜3％と低い水準になったら、さっさとM&Aで業界再編して会社の壁を越えて事業を再編することを促すことです。そうすれば、そういう生産性が高い企業に労働者が集団で転職できるわけです。これは私自身がやってきたことでもあります。その結果として、ほとんどの人は幸せになっています。そういったことをどんどんやっていけばいい。

正規社員・非正規社員の働き方の再設計が急務

冨山 それともう一点、働き手の問題ですが、いままで述べた新陳代謝において、本当に日本で深刻な問題が起こるのは、大企業の正社員ではありません。現実問題として、圧倒的にいま深刻な問題が起こるとすれば、中堅・中小企業の正規雇用の人と非正規雇用の人たちです。この領域においては、私は日本のいまの労働保護というのは、あまりにも脆弱すぎると思います。セーフティーネットが、あまりにも脆弱です。解雇規制の問題もそうなのですが、現状の解雇規制の仕組みでは、中堅・中小企業のお金がない会社、あるいは現実に組合に守ってもらえないようなところで働いている正社員は、全く裸の状態です。

労働審判だけで出る金額は非常に安いです。もっと高くしようと思ったら、私は金銭解決しかないと思う。金銭で救済するという選択肢を労働者が選択できるようにしないといけない。それで、1年から2年分ぐらいの収入をもらえるようにしてあげないと、やはり100万円前後で泣き寝入りするのは、労働保護として弱すぎる。

それからこれも何人かのご指摘がありましたけれども、そういう中堅・中小企業はほとんどがサービス産業です。あるいは非正規のほとんどがサービス産業の従業員です。サービス産業での働き方は、はっきり言って、現状はジョブ型です。そうすると、ジョブ型で働かれている人たちの賃金水準をどう上げられるか。生産性をどう上げられるか。あるいはジョブ型で働いている人を、どうやって企業を横断的に移ったときに、そこで困らないようにしてあげられる

か。そういった仕組みをどうするかということなどを真剣に考えていかないといけない。現状、労働市場のデザインというのは、やはり「大手企業の総合職の正社員」対象以外、あまり真面目に考えられていないところがあるのですよ。しかし、現実にはそういう社員はいま、労働者全体の20％しかいないのです。大手企業で正社員として働いている人は、ずっと減ってきているのです。

いろいろなイノベーション、新陳代謝を促していくときに、そこで働いている人の人生を壊してはいけない。その人たちの人生がむしろ豊かになるように、そういう新陳代謝をしていこうと思うと、やはり労働市場の再設計、働き方の再設計を直ちにやらないと、私は間に合わないと思っています。

> **質問3**
> 日本のコールドチェーンの国際基準化は2017年初頭には指針が出るとのことだが、いまどういう段階で、どのような内容が議論されているか。

コールドチェーンの国際基準化は基盤づくり段階

梅津 現状の段階では、業界団体と監督官庁とで、小口のパーシャル・デリバリーのコールドチェーンの国際基準化の基盤をつくっているというところです。

それから今回のパネル討論の感想なのですが、実は国際宅急便、それから海外の宅急便をやらせていただいて、日本の農水産品のビジネスチャンスはかなり良いのではないかと思っていますが、一方で、生産者の声や消費者の声を聞くと、やればやるほど大きなクエスチョンマークが出ます。それは、誰が世界的には増え続ける人口を十分に満たすだけの食料をつくって、誰が運ぶのだろうといったような疑問が湧いてくるということです。

食料自給率に関してもどんどん低くなっていく一方で、世界の人口は増えていくわけです。私は日本の農業の技術に期待しています。農産品を海外に出すという以上に、農業すること自体において日本がリードをしてくれるのではな

いか、そんな大きな期待があります。

> **質問4**
> IT業界においては、ソフトウェア開発の単価が生産性とは無関係に、従業員の学齢や売上の規模などで決まる傾向がある。どうしたらその物差しを変えられるか。

大企業に有利な競争の是正を

冨山 オープン・イノベーションの領域というのは、先ほど指摘のあったIT産業も入るのですが、これを促進するに当たって、日本の競争のあり方が問題です。ご質問の、小さい企業の開発したソフトウェアがなぜ単価が安くなってしまうかという問題も含めて、私は日本の競争が大企業に有利すぎると思う。やはり、もっと大企業に厳しい競争をすべきだと思います。下請との関係でも、わりと平気で優越的地位の乱用に近いことが現実には行われていて、その結果として下請企業の知的財産が全部巻き上げられてしまうようなことがあります。

　私は新陳代謝をスムーズに進めながら、その新陳代謝が産業社会の発展につながって、かつ現実に働いている人、それは大企業の正社員だけではなくて、いろいろな形で働いている人の幸せにつながるような、そういう社会制度のデザインをしていかないといけないと思う。日本の勤労者でいま、幸せになれている人は2割しかないのですね。残りの8割の人たちが幸せになるにはどうすれば良いか、労働組合の皆さんも含めて、この課題に官民を問わずぜひ真剣に取り組んでもらえたらうれしいなと思います。

> **質問5**
> アジアのある国に進出して現地での採用もしているが、現地採用の従業員が少し閉鎖的。したがって、現地採用を増やしたいとは思うが、なかなか実際には難しい面もある。どう対応したら良いか。

外国人もダイバーシティの一環として活用を

浦田 外国人人材を雇用するメリットは、ダイバーシティです。日本人だけではなかなか得られないようなものの考え方とかが得られます。特に海外に進出する場合には、現地の人材を調達、活用という言葉が良いかもしれませんけれども、現地の人材を雇用して現地で事業を行う。これは説明するまでもなく非常に重要、かつ、その企業にとってメリットが大きいものだと思います。

ただ、問題は現地の従業員を雇っても、その企業の中でいわゆる出世と言いますか、たとえば本社の幹部になかなかなれない。そういった壁があるようです。壁を取り除いて、現地の外国人人材を有効に活用していくというのが重要だと思います。

> **質問6**
> TPPによって成長する見込みの大きい産業セクターを、三つ教えてほしい。

改革を伴えば農業が有望

浦田 農業が第一に来ると思います。農業改革を実施し、輸出支援、R&Dなどの研究開発支援など、必要な施策を行うことができれば、農業は非常に有望な産業になると思います。

それ以外で、日本に関して言えば、少子高齢化が進みますので、介護とか、医療関係ですね。そういった分野も、アジアでは市場が開放されていくと思いますので、日本での経験などをアジア地域に適用していくことができれば、こ

れは非常に有望な産業だと思います。

自動車産業、衣類、農業・食品関連、エンジニアリングなどに好影響

菅原 経済モデルを回したときに、日本の産業セクターのどこにプラスが出るかというと、やはり自動車産業が一番プラスになる。というのは、特に自動車部品のところが大きく出るからです。あとは、衣類がかなり大きく出るというのが特徴になっています。その他で言いますと、よく株の世界でも何か「TPP銘柄」と言われているようなものが幾つかあるようですけれども、農業関連とか、食品関連というところと、あとは政府調達市場が大きく開放されるということになりますので、それに関するエンジニアリングとか、インフラ輸出関連の企業がかなり有望視されていると言われています。

　最後ということで申し上げれば、繰り返しになるのですけれども、やはりいまのTPPの議論は、先ほども申し上げたように、まだどうしても不安の部分にのみ焦点が当たって、なかなか期待の方に議論が進まない。これをどう活用していこうかというところに、まだ議論が及んでいないというのが非常に残念なところです。ただし、活用の方向に議論を進めるためには、不安の部分を放っておいて良いということでは決してありませんので、政府としても秋の臨時国会で議論されるのでしょうから、しっかりとした答弁でもって、野党とわれわれ国民を納得させていただいて、早くTPPをうまく日本の成長につなげていくという方向へ議論が向いていくことを期待しています。

TPPを契機に日本を知的創造の「開かれたプラットホーム」に

大田 最後に、私がお話を聴きしながら思い出したことを一つだけ申し上げます。10年ほど前、閣内におりますときに、有識者の方にお集まりいただいて、10年後の日本経済がどうあったら良いのかということを議論していただきました。冨山さんにもお入りいただきましたね。そのときに出てきたキーワードが

「開かれたプラットホーム」です。日本は高齢化が進み、人口も減少するけれども、海外から優れた、企業、人材、資金、情報、ノウハウが入ってきて、この日本というプラットホームで、常に最先端の知的創造が行われる、それが「開かれたプラットホーム」の意味するところです。いま、製造業でも非製造業でも農業であっても、知的産業という側面を強く持っておりますので、常に最先端の知的創造が行われる拠点になるというのが、日本経済の望ましい姿であると。

それから10年たって、ここで改めて、TPPを日本が「開かれたプラットホーム」になるための契機にできたらいいなと心から思いました。

今日は、有意義な討論と質疑をいただき、また、会場の皆さまにも長時間ご清聴いただき、ありがとうございました。

6 パネル討論を聴いて

経済成長フォーラムコアメンバー　高橋　進

①TPPの経済効果は政府の試算によると、14兆円、GDP比で2.6％程度の押し上げ効果が見込まれる

②この試算には「貿易の開放度」は含まれているが、「資本の開放度（直接投資の内外の取引に関する開放度）」はうまく試算できないということで含まれていない。したがって、実際には、資本の開放度もオンされて効果が発揮される可能性がある

③TPPで日本経済を拓くためのプラットホームは、官民連携による「開かれたプラットホーム」であるべきである

TPPで3％近い経済押し上げ効果

高橋　TPPとインバウンドは、外需という面で非常に大きな成長エンジンになる可能性を秘めています。これらを梃子として、もう一度アベノミクスを加速させていくということを考える時期であることは間違いないと思います。

　TPPの効果については、政府統一見解としては、TPPに取り組むことによって、日本は新たな成長ステージに移っていける。単に一過性の需要が増えるということではないという認識です。TPPに取り組むことによって、貿易の開放度が上がり、それが生産性の上昇に結びついていくというメカニズムがある（図4）。このメカニズムが働くことによって、日本経済は成長していく。これを改めて確認させていただきたいと思います。

図4

■TPPにより想定される成長メカニズム
- ●TPPによって生じる二つの外生的変化が、経済を動かして成長する姿を描く。
- ●二つの外生的変化は(1)関税引下げ、**(2)貿易円滑化・非関税障壁削減**。
- ●経済を動かす内生的な成長メカニズムは、
    ①輸出入拡大→貿易開放度上昇→生産性上昇、**②生産性上昇→実質賃金率上昇→労働供給増**
    ③実質所得増→貯蓄・投資増→資本ストック増→生産力拡大、の三つ。
    (太字部分が、2013年政府統一試算では考慮していなかったもの)

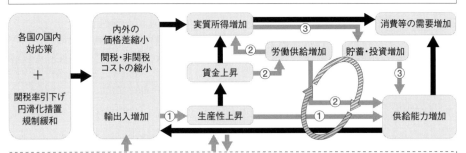

GDP増加のメカニズムと導入されているダイナミックなメカニズム

出典:内閣官房TPP政府対策本部「TPP協定の経済効果分析」2015年12月24日

　それによって、いかほどの効果があるのかということですが、政府統一見解ということで試算をやり直した結果、金額に直して約14兆円。GDP比で2.6％ぐらいの押し上げ効果があるということです（図5）。ちなみに、この試算が出る前、いろいろな役所がいろいろな試算を出していましたけれども、GDPに対してプラス・マイナス相殺すると0.66％ポイントぐらいの押し上げ効果があると試算されていましたが、それよりもはるかに大きな押し上げ効果です。ただ、話はここからで、こういう効果は黙っていたのでは実現しないわけです。当然のことながら内なる改革に政府も企業も取り組まなくてはいけません。

　ただ、もう一つ付け加えさせていただくと、実は今回のこの試算の中に入っていないものがあります。貿易の開放度は入っているのですが、実は、投資の開放度については、このモデルの中には入っておりません。そこがまだうまく試算できないということで入っていないのですけれども、直接投資の内外の取

■ 図5

■TPPによるGDP変化と需要項目別の寄与

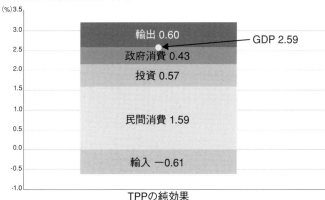

出典:内閣官房TPP政府対策本部「TPP協定の経済効果分析」2015年12月24日

引が増えていくという効果が、今回の試算に常にオンされる可能性が多分にあります。そうすると、実は試算結果よりもはるかに高い経済効果が出てくる可能性があるということが言えます。その点はご留意いただきたい。そういう意味では、非常に高い効果がまだまだあるのですよということを強調させていただきたいと思います。

TPP活用のための官民連携による「開かれたプラットホーム」づくり

高橋 このパネル討論で出された議論の重要な点は、TPPを活かして日本経済を拓いていくためには、政府の取り組み、民間の取り組み、さらにこれらをうまく連携させて官民で取り組んでいくことが必要だということでした。そのための司令塔、プラットホームが必要だということだったと思います。

ただし、今日のお話を伺っていて改めて感じたことは、このプラットホームがどんなものになるのかということが、実は極めて重要なのだということです。従来型のプラットホームだとすると、結局は補助金を引き出すための民間

のリクエストの場、護送船団型のプラットホームになってしまうのではないか。そうなってしまったのでは何の意味もない。プラットホームをつくるのは良いけれども、これをいかに開かれたプラットホームにしていくかが重要です。では、どこに開かれているかといえば、中小企業、ベンチャーに対して開かれ、そしてアジア、世界に開かれ、そして他業種、異業種に開かれている。そういうプラットホームの中で、極めて質の高い議論をして初めて日本はリーダーシップを取れるようになるのではないか。あるいは、リーダーシップを取らないまでも、日本経済の出口を見つけられるのではないかということを改めて感じました。ですから、今日はプラットホームをつくるところまでは来ていますということは申し上げたいと思いますが、これから先、どういう形のプラットホームをつくるのかというところが実は課題なのだということも併せて申し上げたいと思います。

　私も開かれたプラットホームをつくるべく努力をしてまいりますけれども、ぜひ皆様方からもこういうところでこうしなくてはならないのだという、具体的なリクエストを頂戴できればと思います。いずれにしても、今回のシンポジウムの最終的な取りまとめはたぶん、「開かれたプラットホームをつくることが不可欠」ということが結論ではないか、と思います。

専門家からの提言

　TPPと経済成長に関する検討に当たり、TPPに関連するさまざまな専門家の皆様からも下記のとおりご意見・ご提言を頂きました。内容のエッセンスは、次ページ以降に掲載しています。

提言01
マルチ合意から複数国間合意に向かう時代を象徴するTPP
　　　　　　　　　　　　　　　慶應義塾大学経済学部教授　木村 福成

提言02
メガFTA間の調整と世界ルールづくりに日本が貢献を
　　　　　　　　　　　経済産業研究所コンサルティングフェロー　中富 道隆

提言03
画期的な内容を持つ国有企業規制
　　　　　　　　　　　　　　　　　　上智大学法学部教授　川瀬 剛志

提言04
TPPでサービス産業にもたらされる新たなビジネス・チャンス
　　　　　　　　　　　　　　　　千葉大学法政経学部教授　石戸 光

提言05
コメの輸出を増やすためにもTPPは必要
　　　　　　　　　一般財団法人キヤノングローバル戦略研究所研究主幹　山下 一仁

提言01

マルチ合意から複数国間合意に向かう時代を象徴するTPP

慶應義塾大学経済学部教授　木村 福成

国際分業が進む今日、中国や他の新興国も国際分業に参加してきており、国際通商の新ルールの必要性が高まりました。そうなると、WTOによるマルチ（多国間）合意よりも、メガFTAなどのプルリ（複数国間）合意の方が合意しやすく新ルールをつくりやすいので、注目されるようになってきました。たとえば、TPPとTTIP[45]は、明らかに国際経済秩序構築のための新ルールづくりを主な目的としています。

メガFTAは、2国間FTAや関税同盟と異なり、仲間づくりの側面が強い。したがって、複数のメガFTAに入ることもできるなど柔軟な協定です。

TPPの主な特徴

TPPの主な特徴は次のとおりです。

① **政府調達**：WTOベースのGPAというプルリ協定はありますが、途上国、オーストラリアは入っていませんし、ニュージーランドも2015年に参加したばかりです。TPPの政府調達協定によって、特にインフラ輸出している企業にとってはビジネスチャンスが拡がります。
② **知的財産**：WTOベースのTRIPS[46]というプルリ協定がありますが、これは最低限の知財保護の体制を整えることだけ述べられているにすぎず、TPPではより進んだ内容になります。
③ **競争政策**：主にマレーシアやベトナムで問題となりますが、国有企業と民間企業をイコールフッティングにします。これはTPP特有のもので、他の国際協定にはあまり見られない条項です。これは中国への対応を考えたとき非常に意

45：Transatlantic Trade and Investment Partnership：米国とEU間の環大西洋貿易投資パートナーシップ。
46：Agreement on Trade-Related Aspects of Intellectual Property Rights：知的所有権の貿易関連の側面に関する協定。

味のあるものになるでしょう。というのは、中国がTPPに加盟すれば、中国の国有企業を他の加盟国の企業とイコールフッティングにしなければならないからです。

④ **ISDS**：米国企業が理不尽な訴訟を数多く起こすのではないか、対応は世銀のブランチなどが行うが公平に取り扱うのかなどが懸念されましたが、この条項は紛争解決機能が弱い途上国に最も必要な条項で、他のFTAにも入っています。主に先進国にとっては、非常にプラスの面が大きいと言えます。

TPPがアジアの自由貿易を進める

TPPが締結されるとそのドミノ効果は大きく、韓国、フィリピン、タイ、中国なども加盟を真剣に考えるでしょう。また、他のメガFTAも締結に向けて動きが加速するでしょう。もちろん、世界中を覆うようなメガFTAができることはありませんが、メガFTAの中からあるイシュー（課題）を抽出したプルリ協定が、そのイシューごとにできていく可能性があります。その場合、ITAのようにWTOの中で締結する[47]のが望ましいが、TiSA[48]のようにWTOの枠外につくる場合もあります。こうした形で国際ルールがつくられていくことが考えられます。

RCEPはASEAN＋6で構成されますが、インドはモディ政権の貿易政策に問題があり、中国は外国から「自由化しろ」と言われるのを好まないことなどから、両国ともなるべく交渉を遅らせて自由化度も低くしたいと考えています。そうした動きに他の国も対抗して、「2015年8月の経済大臣会合で関税を10年以内に80％の品目で撤廃する方向で合意した。」と報道されています。

ASEANでFTA交渉が行われるようになったのは、民主化の進展ともセットになっていますが、それとともに、官僚主導から政治家の発言権も強まってきたことが経済政策の質の悪化を伴っています。特にインドネシアは、アマチュアの経済政策になってしまっています。そうした面からも、TPPにより自由貿易を進めることが大事になってきています。加えて、プルリ協定でWTOを復権

47：WTOの中でプルリ協定を締結すれば、締結された内容が他のWTO加盟国にも適用される。
48：Trade in Services Agreement：新サービス貿易協定。

させることも期待できます。

　ASEANは直接投資が入ることで国が変わることが分かっていますので、TPPに真剣に取り組んでいます。しかし、インドや中国などの大きな国は、自国市場が大きいので他の国に頼らないでやっていけるという考えがあり、あまりTPP締結に熱心ではないように思えます。ASEANの中でも、ベトナムやマレーシアは国有企業改革が大きく進む可能性があります。特に、海外からの補助金付き投資などの不公平な投資はなくすなど、アジア・太平洋地域の通商上の新ルールの確立が期待できます。

　TPPでの関税撤廃率は、日本は95％程度になりますが、それでもまだ低い。他のFTAを見ると100％という例も多い。95％でも、他のメガFTA交渉にリンクさせて、それぞれの交渉で関税率を引き下げていけば意義深いが、日本の交渉はそのように行われていないのが問題です。

提言02

メガFTA間の調整と世界ルールづくりに日本が貢献を

経済産業研究所コンサルティングフェロー　中富　道隆

WTOによる全加盟国への同一ルール適用からFTAへ

現在のWTO・ドーハラウンドは2001年から始まりましたが、大きな成果がありません。その背景には、1995年のGATTからWTOへの移行に当たり、大きな変化があったことがあります。特に次の二点が重要です。

一点は、WTOでは、160数か国全ての国に同一ルールを適用すること、二点目は、WTOでは強力な紛争処理手続きが導入されたことです。しかも、WTOのルールづくりはコンセンサスが原則なので、加盟国が新しいルールづくりに極めて慎重になり、その立法機能が麻痺しているのが現実です。

これを受けて、2000年頃からFTAが加速し、2010年頃からFTAの広域化（メガFTAへの移行）が始まったわけです。その延長線上にTPPがあります。さらに、FTAに加えて、WTOで投資ルールづくりが進まないために、二国間の投資協定締結も加速するようになりました。

イシューベースのプルリ合意をWTOへ

メガFTAが数多くできると、解きほぐすことが困難なルールのスパゲティ・ボウル現象[49]となり、それぞれの協定同士で矛盾が生じてくる危険性が高まります。そこで、図6に示すように、メガFTA間の矛盾を調和すべく、イシューベースのプルリ合意（複数国間合意）で調和を図り、新たなWTOルールの基礎をつくることが有益です。WTOに持ち込まなければ、合意した国以外には均霑されず、普通のFTAになり、合意したルールが世界ルールになりません。イシューについては、電子商取引やグローバル・バリュー・チェーンなど、各国

49：ボウルの中でスパゲティが絡まるように、複数のFTAの合意事項が乱立して矛盾を起こすなど、自由貿易にかえって悪影響を与えてしまう現象。コロンビア大学のBhagwati教授が、1995年に出版した本の中で使った言葉。

■ 図6

■通商ルールの矛盾を調和する望ましいプルリ合意

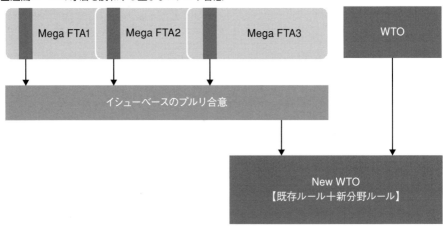

で国と産業界が協力しやすいテーマを選ぶのが良いでしょう。

さらに、FTAにはWTOのような普遍的かつ実効性のある紛争解決メカニズムがないので、FTAだけが進むことは好ましくないという面もあります。

なお、スパゲティ・ボウル現象の例としては、韓国ではEUとのFTAと、米国とのFTAで自動車や電気の規格に関する合意内容が異なり、それぞれに輸出する場合は同じ製品でもそれぞれに対応した異なる規格で製造しなければならないという例があります。

プルリ合意は、いまや先進国だけで合意してもあまり効果的ではなく、日米欧に中国をはじめとする主要途上国を加えて進めることが必要です。プルリ合意を成立させる基礎となる参加国のことをクリティカルマスといいますが、適切なクリティカルマスの設定が、プルリ合意成功のカギになります。

また、合意により、もたらされる利益を最恵国待遇（MFN[50]）によって参加国以外に均霑させることが重要です。これにより、複数国間の合意を世界ルールとすること、新しいWTOルールの基礎とすることが可能となります。

メガFTAの台頭で問題なのは、保護主義が出現するというよりは、ルールの

50：Most Favored Nation Treatment

スパゲティ・ボウルが発生し、強国の弱小国に対する差別が起こったり、WTOの強固な実効ある紛争処理枠組みが消滅したりすることです。バラバラな通商ルールが生じることは、産業界にとって悪夢です。メガFTAはWTOを代替することはできません。

他方で、初めての本格的メガFTAであるTPPには、知的財産、投資、国営企業、ディジタル・電子商取引、原産地（たとえば完全累積）など世界ルールの基礎となり得るさまざまな分野があります。政府と産業界との連携の下に、候補となる分野・イシューを選択して、プルリ合意を目指すことにより、ルールのスパゲティーボウルを回避し、21世紀の通商ルールをつくり上げていくことが望まれています。

日本は通商協定の高度化に貢献を

TPPを含め、メガFTA間の調和を図るとともに、プルリ合意も活用しつつ、世界の通商ルールをこれからの時代に合うようにつくっていくことが最も重要なことです。

TPP以外にも、日本は日EU・EPA、RCEP、日中韓など多くのメガFTAの当事者になっているので、この良いポジションを活かして、これらメガFTAをTPPのような高度なFTAにするための貢献をすべきでしょう。たとえば、日EU・EPAはTPPの次に合意させることが必要です。その場合、日本がEUと米国の間に入ってTTIPの合意に貢献できる可能性があります。

また、世界ルールづくりとWTOの復権に貢献すべく、積極的にイシューベースのプルリ合意を推進することも重要ですし、それが可能なポジションにあると言えます。

こうした作業は、グローバル・バリュー・チェーンが日々形を変える中で、透明性と対話を重視し、産業界の支持を受けながら進めることが肝要です。日本の役割は大きいのです。

提言03

画期的な内容を持つ国有企業規制

上智大学法学部教授　川瀬　剛志

規制合意の背景

　国有企業（SOE[51]）規制が合意された背景には、中国を中心とした国家資本主義体制を取る新興経済の勃興と、その政策ツールとしてのSOEの伸長があります。なお、TPPでは、SOEたる条件は主として商業的活動に従事し、かつ次の三つのうち一つに合致する企業としています。

①国が株式の50％以上を直接所有する
②国が議決権の過半数を支配する
③国が役員過半数の指名権を保有する

規制の内容

　SOEは、まず、民間企業と同じような商業的考慮に基づいて行動することが求められます。また、SOEが物品やサービスを購入・販売する際、他のTPP締約国の物品やサービス、自国に進出した他の締約国の企業とその提供する物品やサービスなどを差別的に取り扱うことは許されません（最恵国待遇・内国民待遇）。
　また、締約国の政府が自国のSOEに、補助金や市場レートより有利な融資、信用保証などの支援（非商業的支援）を提供することにより、他の締約国からの輸入品や他の締約国から進出した外資企業との競争を有利にしてはならない、などがあります。併せて、非商業的支援によって他の締約国の産業に損害を与えることも禁止されます。

51：State-Owned Enterprise

更に、SOEの透明性確保のために、締約国はTPP発効後6か月以内にSOEのリストを、自国政府のウェブサイトに公表するか、他の締約国に通報します。加えて、他の締約国から書面による要請があれば、政府の株式・投票権の保有率や、役員の政府内における地位などの情報を提供します。非商業的支援についても同じく情報提供を求められます。

規制の特徴

TPPは、初めての包括的かつ詳細な国有企業規制を規定しました。特に、WTOでは規定されていない、サービスや投資に対する非商業的支援も規制することとした点が最大の特徴です。この点はいわゆる「WTOプラス」の規制です。WTOでは、そもそも海外投資に対する投資母国からの補助金に対する規制は存在しません。したがって、「TPPはグローバル展開するSOEも規制できるFTA」と言うことができます。

ただし、こうしたルールは画期的な一方で、以下の主な問題点が挙げられます。

①SOEの定義が狭く、例外が膨大にある。たとえば、SWF[52]（政府系投資ファンド）、小規模SOE、地方SOEなどは規制対象外だし、国別に多くの例外が認められている。
②国の関与に関する規制、たとえば関与や持分を減らすべきだといった規制はない。
③紛争解決パネルを支える強力なTPP事務局の設立が望めなければ、事実認定が複雑で難しい非商業的支援の規制を実効的に実施できるか不安。

上記のような問題点を踏まえると、米国が当初目論んでいたような、中国が加入してきたときのためのSOE規制としては、かなり脆弱であると言わざるを得ません。

52：Sovereign Wealth Fund

提言04

TPPでサービス産業にもたらされる新たなビジネス・チャンス

千葉大学法政経学部教授　石戸 光

特にベトナムとマレーシアへの海外進出が容易に

　TPPでは、投資章（TPP協定第9章）で、締約国に対する締約国からの投資に対しては、現地調達などの特定措置の履行要求が原則禁止されるので、より海外進出しやすくなります。特に社会主義のベトナムでも、ブミプトラ（地元民）政策をとるマレーシアでも、中国に侵食されるのではないかという脅威を感じているので、日本のサービス産業に進出してもらいたいという期待を持っているようです。むしろこの両国は、TPPを契機に社会主義的な政策を変えようとしています。なお、日本企業の進出については、ベトナムでは中堅・中小企業と、マレーシアではブミプトラとジョイント・ベンチャーで進出してほしいと希望しているようです。

デュアル・トラック・アプローチによるサービス産業投資のサイクルづくりを

　日本のサービス産業企業にとっては、TPP締約国に進出することは、そこでその国の民族性や国民の嗜好などを学ぶだけではなく、海外でのブランド力を向上させることにつながります。その経験や知見を活かすことにより、その締約国の人たちが来日したときの日本国内での爆買いを促進することも期待できます。そうした「サービス産業投資のサイクル」をつくれば、海外進出に伴う空洞化も防げます。むしろ締約国の企業とJV[53]（共同企業体）で、日本国内で事業を起こせば雇用増につながります。こうした、デュアル・トラック・アプローチ（二重政策）をとることが、日本のサービス産業にとって必要ではないでしょ

---

[53]：Joint Venture

うか。

　TPPにより、物だけでなく人の移動もコストが下がり[54]、移動しやすくなることから、必ずしも日本の中小企業が海外に拠点を移さなくても、海外相手のビジネスができるようになります。ただし懸念されるのは、情報コストは中小企業にとって相対的に高いので、TPPのサービス関連規定の活用も大企業に集中してしまう恐れがあることです。したがって、中小企業庁など政府による中小企業へのTPPに関する情報提供は大変重要です。

TPPで広がる新たなビジネス・チャンス

　締約国をどのように組み合わせて新たに効率的なグローバル・バリュー・チェーン（GVC）をつくったらよいかを、累積を基準にはじき出すソフトづくりや、コンサルティングなどの新たなサービスが成り立つ可能性があります。

　また、クラウド・ファンディングの場合、締約国同士の金融取引において金融投資のコストが大幅に下がるので、保険の分野などで新規のビジネスモデルが出てくる可能性が高い。

　たとえば、自動運転の事故に対する保険商品は、日本の保険会社が日本の高度なモノづくりに関する情報を活かして、優位性の高い保険商品を生み出す可能性があります。ただし、フィンテックの開発企業はベンチャー・キャピタル的な企業が多いので、TPPに規定されているようにサーバーの設置義務を課さない中で、資金提供が国境をまたいで行われた場合、ファンドのリターンが回収できないなどの問題が発生する可能性があります。そうなると、国際的な問題となり、国内以上に解決が困難な問題になる危険性があることに留意する必要があります。

54：ITの発達により移動先の国の状況などが容易に入手できるなど、広義の移動コストが下がることを意味している。

提言05

コメの輸出を増やすためにもTPPは必要

一般財団法人キヤノングローバル戦略研究所研究主幹　山下　一仁

TPPにおける米国の狙い

　米国がTPPで最も重視しているのは、SOE（国有企業）の条項です。その目的は、この自由化を高いレベルにしておくことによって、いずれ中国がTPPに入らざるをえなくなったときに中国に高い自由度で規律づけるということです。

　今回TPPで、ある国に参入した企業とその国の国有企業とのイコールフッティングについての規律はつくられました。しかし、国有企業が貿易を歪めている側面は規律されませんでした。日本のコメの対中輸出はその一例です。中国のコメの関税は1％ですが、国有企業がマージンを取るために、東京で300円／kgで売られている日本産米が、北京では1,300円／kgになってしまいます。これは事実上の関税であり貿易阻害要因ですが、日本政府はこの問題をTPPで取り上げようとはしませんでした。

減反政策をやめ兼業農家の農地の集約を

　日本の問題としては、小麦は消費量の9割近くを輸入していますが、高い国産小麦価格と輸入価格の差額を課徴金として徴収しています。消費税の議論では「食糧に消費税をかけるのは逆進的で好ましくない」という議論があるのに、農産物の関税などにはそうした議論がなされないのはおかしなことです。
「日本の土地が狭く、農産物の競争力がないから農産物の関税が必要」との議論がありますが、農家1戸当たりの農地の面積は米国でもオーストラリアの18分の1しかありません。しかし、オーストラリアの農地の9割は牧草地で、そこで牛を飼育し、主に米国へ輸出しています。米国では、農地の大部分でとうも

■ 図7
■コメ政策の改革案

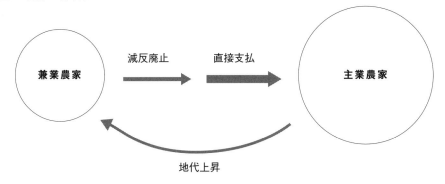

ろこし、大豆などを栽培し、それをエサにして高品質な牛を育てて日本などに輸出しています。同様に、米国はコメを年間350万トン輸出するとともに、タイから80万トンのジャスミン米という高級なコメを輸入しています。したがって、農畜産物も品質の違いによって産業内貿易が成り立っています。日本ではコメの減反政策により単収が下がり、カリフォルニアや中国にも抜かれました。減反で米価を高くしたので、零細農家が滞留して規模拡大は進みませんでした。

　減反をやめると零細農家は農地を出してきます。主業農家に直接支払いを行い、地代負担能力を上げれば、兼業農家から主業農家に農地は集約されます。主業農家の収益が上がれば、旧兼業農家への地代も上昇するという政策（図7）が求められます。国内市場が人口減少で縮小する中ではコメの輸出を増やすしかありません。そのためにも、相手国の関税も下がるTPPが必要なのです。

　TPPでは主要農産品5品目（コメ、麦、乳製品、砂糖、牛肉・豚肉）に関しては関税撤廃の例外とされたため、TPPが農業改革を促すものとならなかったことは残念です。

第3部

企業経営者・アンケート結果
TPPの影響と対応

―― 現下の経済と企業経営 ――

■ アンケート01

TPP協定の大筋合意(2015年10月5日)を、9割(89.8%)の経営者が、「評価する」あるいは「ある程度評価する」と回答。

■TPP大筋合意に対する評価

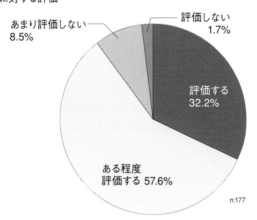

■ アンケート02

日本にとってのTPPのメリットは、「国内の構造改革が促進される」(23.0%)が最も多く、「企業の国際的な競争力が高まる」も2割近く(18.5%)を占めた。【2つまで選択】

■日本にとってのTPPのメリットに対する認識

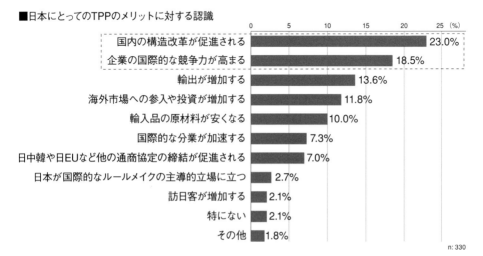

■ アンケート03

自社にとってTPPはメリットが「ある(「少しある」も含む)」とする回答は、5割(45.7%)。自社にとってTPPのメリットが大きい分野は、「関税の撤廃・削減」が3割(31.2%)で最も多く、次いで「通関手続き等貿易円滑化」が2割(20.1%)だった。【2つまで選択】

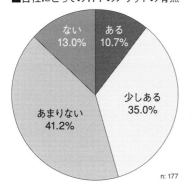

■自社にとってのTPPのメリットの有無

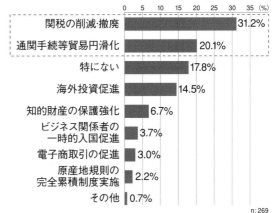

■自社にとってTPPのメリットが大きい分野

■ アンケート04

【クロス集計】
自社にとってTPPはメリットが「ある(「少しある」も含む)」とする回答 は、製造業、従業員数5,000人以上の大企業で、顕著だった。

■業種別のTPPのメリットの有無

業種	メリット有り	メリット少し有り	メリットあまりない	メリットはない	回答数
農林水産業	0.0%	100.0%	0.0%	0.0%	1
建設業	0.0%	44.4%	55.6%	0.0%	9
製造業	14.7%	37.3%	37.3%	10.7%	75
情報通信業	7.7%	38.5%	38.5%	15.4%	13
運輸業	25.0%	50.0%	25.0%	0.0%	4
卸売・小売業	12.1%	33.3%	45.5%	9.1%	33
金融業	0.0%	40.0%	60.0%	0.0%	5
不動産業	0.0%	20.0%	60.0%	20.0%	5
飲食・宿泊業	0.0%	40.0%	20.0%	40.0%	5
その他のサービス業	9.5%	19.0%	42.9%	28.6%	21
合計	11.1%	35.1%	40.9%	12.9%	

■従業員規模別のTPPのメリットの有無

従業員数	メリット有り	メリット少し有り	メリットあまりない	メリットはない	回答数
100人未満	23.1%	7.7%	46.2%	23.1%	13
100～299人	5.3%	26.3%	50.0%	18.4%	38
300～999人	7.7%	38.5%	40.0%	13.8%	65
1,000～4,999人	7.5%	37.5%	47.5%	7.5%	40
5,000人以上	28.6%	52.4%	14.3%	4.8%	21
合計	10.7%	35.0%	41.2%	13.0%	

アンケート05

自社にとってTPPはメリットが「ある（「少しある」も含む）」とする企業が、TPP発効後に起こすアクションは、「加盟国市場への参入や投資を増やす」が2割（19.5%）で最も多く、次いで「加盟国に輸出を増やす」が15.4%だった。【当てはまるものすべて選択】

■TPPが発効したら起こすアクション【自社にとってTPPはメリットがある（少しある）とする企業が対象】

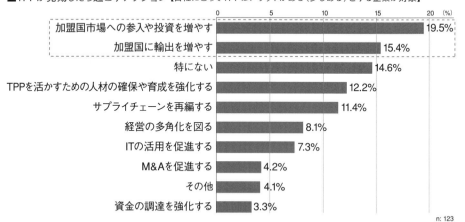

	加盟国市場への参入や投資を増やす	19.5%
	加盟国に輸出を増やす	15.4%
	特にない	14.6%
	TPPを活かすための人材の確保や育成を強化する	12.2%
	サプライチェーンを再編する	11.4%
	経営の多角化を図る	8.1%
	ITの活用を促進する	7.3%
	M&Aを促進する	4.2%
	その他	4.1%
	資金の調達を強化する	3.3%

n: 123

アンケート06

【クロス集計】
業種別の、TPP発効後の主なアクションは、製造業では「加盟国に輸出を増やす」が2割（19.2%）、卸売・小売業では「経営の多角化を図る」が13.6%と比較的多かった。
【当てはまるものすべて選択】

業種	加盟国に輸出を増やす	加盟国市場への参入や投資を増やす	サプライチェーンを再編する	ITの活用を促進する	経営の多角化を図る	TPPを活かすため人材の確保や育成を強化する	回答数
農林水産業	0.0%	0.0%	50.0%	0.0%	50.0%	0.0%	2
建設業	0.0%	27.3%	0.0%	9.1%	0.0%	18.2%	11
製造業	19.2%	14.4%	8.7%	1.9%	5.8%	9.6%	104
情報通信業	0.0%	5.6%	5.6%	27.8%	5.6%	16.7%	18
運輸業	0.0%	25.0%	0.0%	12.5%	12.5%	25.0%	8
卸売・小売業	11.4%	13.6%	11.4%	4.5%	13.6%	6.8%	44
金融業	0.0%	16.7%	0.0%	16.7%	0.0%	0.0%	6
不動産業	0.0%	0.0%	0.0%	0.0%	20.0%	0.0%	5
飲食・宿泊業	0.0%	20.0%	0.0%	0.0%	0.0%	0.0%	5
その他のサービス業	3.7%	11.1%	3.7%	3.7%	7.4%	7.4%	27
合計	11.3%	13.9%	7.4%	5.7%	7.8%	9.6%	

アンケート 07

今後TPPに加盟してほしい国は、「中国」が最も多く2割弱（18.5%）、タイ（15.4%）やインドネシア（14.7%）とする回答も多かった。【3つまで選択】

■今後TPPに加盟してほしい国

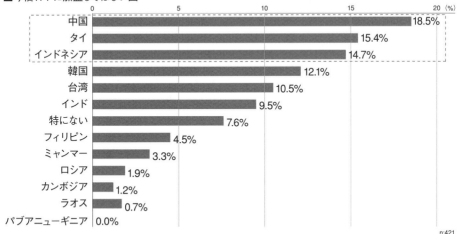

n:421

アンケート 08

今後、締結を期待するFTA・EPAは、「日中韓FTA」が3割（33.7%）で最も多く、次いで RCEP（東アジア地域包括的経済連携／29.1%）だった。

■今後、締結を期待するFTA・EPA

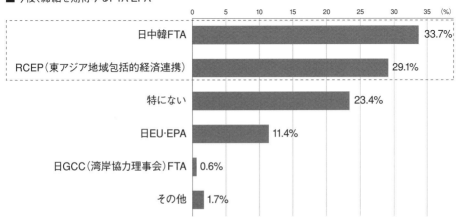

n:175

■ アンケート09

TPPを日本の成長に活かすために、政府が最も優先的に取組むべき政策分野は、「規制改革」が最も多く(24.2%)、「景気対策」(20.8%)や「農業改革」(18.1%)への回答も多かった。
【2つまで選択】

■TPPを日本の成長に活かすために政府が優先的に取り組むべき政策分野

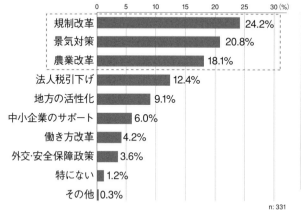

アンケート10

今後5年間の実質経済成長率を「2%以上」と見込む企業は5.2%で、前回調査(2015年5月調査)を3.1ポイント下回った。

■経済成長率を2%以上と見込む回答率の推移

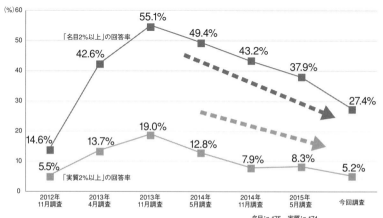

アンケート11

景気の実感については、「横ばいである」が7割 (71.2%) を占めており、次いで「悪い方向に向かっている」が2割 (17.5%)、「良い方向に向かっている」が1割 (11.3%) だった。

■景気の実感

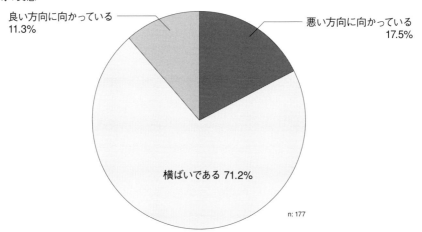

アンケート12

自社の今後5年間の年平均成長目標を「4%以上」とする企業が、単独ベース (42.8%)・連結ベース (48.4%) ともに4割超を占め最多だった。

■今後5年間の自社の成長目標
（単独売上高ベース）

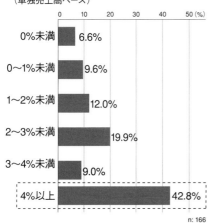

■今後5年間の自社の成長目標
（連結売上高ベース）

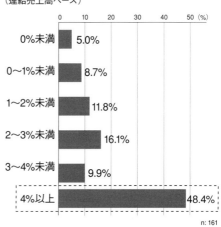

アンケート13

半数（55.5%）の企業は、自社の成長目標の達成見通しが半年前と「変わらない」と回答。「良くなっている」とする企業（19.1%）は、2015年5月調査から1割落ち込み、1年前の調査とほぼ同水準となった。

■自社の成長目標を達成する見通し
半年前（2015年5月）と比較して

■自社の成長目標を達成する見通し
「良くなっている」とする回答の推移 （半年前と比較して）

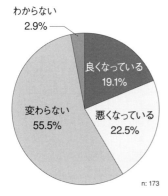

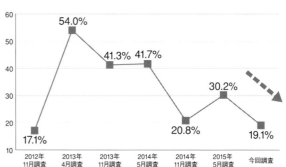

アンケート14

■調査実施概要

実施時期	2015年11月16日～11月30日
調査対象	上場企業及び日本生産性本部・会員企業の経営者（3,875人）
有効回答	183人（回収率4.7%）

①業種分布

業種名	n	%	業種名	n	%
農林水産業	1	0.6	金融業	5	2.8
建設業	9	5.1	不動産業	5	2.8
製造業	76	42.9	飲食・宿泊業	5	2.8
情報通信業	13	7.3	その他のサービス業	21	11.9
運輸業	4	2.3	上記以外の業種	5	2.8
卸売・小売業	33	18.6			

②規模（従業員数）分布

従業員規模	n	%
100人未満	13	7.3
100人～299人	38	21.3
300人～999人	65	36.5
1,000人～4,999人	40	22.5
5,000人以上	22	12.4

※いずれも無回答を除く

シンポジウム講師略歴 (敬称略、順不同)

大田 弘子　　経済成長フォーラム座長

政策研究大学院大学教授

一橋大学を卒業後、埼玉大学大学院政策科学研究科助教授、政策研究大学院大学教授等を経て、2002年～05年内閣府に出向。政策統括官等を務めた後、2006年～08年安倍・福田両内閣で内閣府特命担当大臣（経済財政政策担当）。08年に現大学に復帰。10年より日本生産性本部副会長、12年より経済成長フォーラム座長。

高橋 進　　経済成長フォーラムコアメンバー

（株）日本総合研究所理事長

一橋大学経済学部を卒業し、住友銀行入行。1990年日本総合研究所入社。早稲田大学大学院客員教授、内閣府政策統括官を経て、2011年より現職。2013年第2次安倍内閣で内閣府経済財政諮問会議議員、15年第3次安倍内閣で1億総活躍国民会議構成員を務める。

冨山 和彦　　経済成長フォーラムコアメンバー

（株）経営共創基盤代表取締役CEO

東京大学法学部卒業、スタンフォード大学経営学修士（MBA）、司法試験合格。BCG、CDI代表取締役を経て、2003年産業再生機構COOに就任。同機構解散後、2007年経営共創基盤を設立。オムロン社外取締役、ぴあ社外取締役、経済同友会副代表幹事等を務める。

梅津 克彦

ヤマト運輸（株）執行役員国際戦略室長

2008年ヤマト運輸入社、グローバルアカウント担当マネージャー。2009年本社グローバル営業部マネージャー（課長）。2013年本社グローバル事業推進部長。2015年執行役員グローバル事業推進部長に就任し、16年より現職。

浦田 秀次郎
早稲田大学大学院アジア太平洋研究科教授

ブルッキングズ研究所研究員、世界銀行エコノミスト等を経て、1994年より早稲田大学社会科学部教授。2005年より現職。国際経済、経済発展を専門とし、アジア太平洋における地域統合、日本の貿易政策、国際貿易・直接投資と経済発展等を専門とする。

菅原 淳一
みずほ総合研究所(株)政策調査部主席研究員

1994年一橋大学大学院法学研究科公法・国際関係専攻(国際関係論)修了、富士総合研究所(現・みずほ総合研究所)入社。2001年経済協力開発機構(OECD)日本政府代表部専門調査員。2016年より現職。通商政策を専門とする。

松本 武
(株)ファーム・アライアンス・マネジメント代表取締役

熊本工業大学(現・崇城大学)工学部応用微生物工学科卒。旭化成工業、松本農園を経て、2012年にファーム・アライアンス・マネジメントを設立。同社にて、農業生産のフランチャイズ・チェーンの展開、農業コンサルティング、農業生産情報管理システムサービスの提供等を行う。

経済成長フォーラム・TPPと経済成長検討会名簿

座長
大田 弘子　　政策研究大学院大学教授

コアメンバー
高橋 進　　（株）日本総合研究所理事長
冨山 和彦　　（株）経営共創基盤代表取締役CEO

メンバー
浦田 秀次郎　　早稲田大学大学院アジア太平洋研究科教授
木村 福成　　慶應義塾大学経済学部教授
高田 創　　みずほ総合研究所（株）常務執行役員調査本部長
山下 一仁　　（一財）キヤノングローバル戦略研究所研究主幹

事務局
澤田 潤一　　（公財）日本生産性本部執行役員公共政策部長
内山 和憲　　（公財）日本生産性本部公共政策部担当部長
有泉 奈々　　（公財）日本生産性本部公共政策部課長

　本ブックレットの作成にあたりましては、下記の方々より貴重なご意見と多くのご示唆を頂戴しました。

石戸 光 氏　　千葉大学法政経学部教授
川瀬 剛志 氏　　上智大学法学部教授・経済産業研究所ファカルティフェロー
北川 浩伸 氏　　日本貿易振興機構（ジェトロ）サービス産業部長
国松 麻季 氏　　三菱ＵＦＪリサーチ＆コンサルティング（株）主任研究員
菅原 淳一 氏　　みずほ総合研究所（株）政策調査部主席研究員
中富 道隆 氏　　経済産業研究所コンサルティングフェロー
濵本 正太郎 氏　　京都大学大学院法学研究科教授
深川 由起子 氏　　早稲田大学政治経済学術院教授

経済成長フォーラムとは

経済成長フォーラムは、グローバル化と高齢化の中で「経済成長をどう実現するか」という課題に取り組みます。社会モデルとビジネスモデルの双方から成長のための環境整備を検討し、新たな成長分野を創り出します。

規制により成長が遅れていた分野でも、先駆的な取り組みを発掘し、成長の阻害要因を取り除くことで川下からの日本の改革を目指します。そのための企業へのビジネスチャンスの提案や、必要な制度改革の提言、先駆的な企業のネットワーク化などの活動を行います。

事務局は公益財団法人日本生産性本部が務めています。

http://www.economic-growth-forum.jp/

TPPで拓く日本経済

2016年9月30日　初版　第1刷発行 ©

編著者	大田 弘子 + 経済成長フォーラム
発行所	生産性出版／公益財団法人日本生産性本部
	〒150-8307　東京都渋谷区渋谷 3-1-1
電話	03-3409-1132（編集）／ 03-3409-1133（営業）
URL	http://www.jpc-net.jp/
印刷・製本	シナノパブリッシングプレス

乱丁・落丁は生産性出版までお送りください。お取替えいたします。本書の一部及び全部を無断で複写複製することは、法律で認められたときを除き、出版社の権利侵害となりますので、あらかじめ当財団に承諾を求めてください。

ISBN 978-4-8201-2059-9　C2033